Matthias Knödler/Thomas Kowalzik/Klaus Mulch
Praxisbuch Islam
Wie Christen Muslimen begegnen können

Matthias Knödler/Thomas Kowalzik/Klaus Mulch

PRAXISBUCH
Islam

Wie Christen
Muslimen
begegnen
können

Matthias Knödler/Thomas Kowalzik/Klaus Mulch
Praxisbuch Islam
Wie Christen Muslimen begegnen können

ISBN 978-3-86353-327-4

1. Auflage 2016

© 2016 Christliche Verlagsgesellschaft mbH, Dillenburg
und Orientdienst e. V., Dortmund
www.cv-dillenburg.de / www.orientdienst.de
Covergestaltung: CV Dillenburg
Nachweis Titelbilder:
© Shutterstock.com/michaeljung
(Mutter mit Kind)
© Shutterstock.com/AHMAD FAIZAL YAHYA
(betender Mann)
© Shutterstock.com/David M. Schrader
(Hintergrund)
Satz: CV Dillenburg
Druck: GGP Media GmbH, Pößneck

Printed in Germany

Inhalt

Vorwort –
wichtig zu lesen!

Der Islam und die Muslime sind aus den europäischen Ländern nicht mehr wegzudenken. Christen begegnen Muslimen und werden herausgefordert, über Fragen des Zusammenlebens mit Muslimen nachzudenken. Zum Thema Islam gibt es zwar zahllose Publikationen, aber es fehlt an praktischer Anleitung:

• Wie kann ein Christ mit Muslimen ins Gespräch kommen?
• Wie kann er seine Angst vor dem Fremden überwinden?
• Womit muss er rechnen?
• Was haben Christen Muslimen zu bieten?

Dieses Buch will Ihnen bei genau diesen Fragen helfen. Dabei geht es einerseits um unsere innere Haltung und andererseits um unsere Worte und Taten. Mit diesem Buch möchten wir Christen eine Art „Islam-Führerschein" für die Praxis anbieten. Im Anhang finden Sie ein Islam-Führerschein-Quiz zum Üben, das praktische Fragen enthält. Wenn Sie einen großen Teil der Fragen richtig beantworten, können Sie selbstbewusst auf Muslime zugehen.

Wir setzen nur geringe Vorkenntnis über den Islam voraus. Sollten Sie dennoch auf Begriffe stoßen, die Sie nicht verstehen, finden Sie sicherlich auf der Homepage des Orientdienstes e. V. (www.orientdienst.de) im „Minikurs

Islam" oder im E-Book „Islam unter christlicher Lupe" eine Erklärung zu dem entsprechenden Stichwort.

Vielleicht suchen Sie gezielt nach bestimmten Informationen, die Sie gerade für Ihre konkreten Herausforderungen benötigen. Wir hoffen, dass Ihnen dabei – neben dem ausführlichen Inhaltsverzeichnis – das Stichwortverzeichnis sowie das recht umfangreiche Medienverzeichnis am Ende des Buches eine Hilfe sind. Genauere Angaben zu Büchern und anderen Medien, die im Text erwähnt werden, finden Sie generell im Literaturverzeichnis.

Es ist nicht unsere Absicht, in diesem Buch zu bewerten und darzustellen, was wirklich der „echte" Islam ist. Wir erwähnen, welchen Ansichten und Verhaltensweisen wir bei Muslimen begegnen können (Fatalismus, Mystik, Gewaltbereitschaft, Aberglaube …). Dabei behaupten wir nicht, dass alle Muslime so denken oder sich so verhalten. Wir beurteilen auch nicht, ob solche Denk- und Verhaltensweisen nun wirklich „islamisch" sind oder nicht. In diesem Buch geht es um die Begegnung mit muslimischen Menschen – und die sind nun einmal sehr unterschiedlich, auch wenn sie sich alle zu einer Religion bekennen.

Christen werden hier Anregungen finden, wie sie Muslimen helfen können, Jesus Christus kennenzulernen. Dabei spielt es keine Rolle, ob diese Menschen nun „orthodoxe", „liberale", „fanatische", „aufgeklärte" oder sogar „atheistische" Muslime sind. Unsere Erfahrungen beziehen sich im Wesentlichen auf Begegnungen mit Muslimen in Deutschland, der Türkei und Nordafrika. Das meiste lässt sich aber auch auf die Begegnung mit Muslimen aus dem Iran, Afghanistan, Syrien oder Indonesien übertragen.

Hier und da benutzen wir Wörter wie „Mission", „missionarisch" etc. – auch wenn sie von manchen missverstanden und deshalb abgelehnt werden. Mit „Mission" meinen wir nicht, jemand anderem die eigene Meinung überzustülpen oder ihn gar zu etwas zu zwingen, was er eigentlich nicht will. Das Wort „Mission" bedeutet ursprünglich „Sendung". Wir sind der Überzeugung, dass Jesus Christus seinen Jüngern und durch sie allen Christen einen weltweiten Auftrag gegeben hat. Wir sollen in seinem Namen eine Einladung weitergeben. Durch den Glauben an Jesus Christus können Menschen Vergebung für ihre Schuld und Frieden mit Gott finden. Alle haben das Recht, diese Einladung zu hören. Und jeder einzelnen Person ist es völlig frei gestellt, wie sie darauf antwortet. – Außerdem bedeutet für uns „missionarisch": Wir gehen auf Menschen in Freundlichkeit und Offenheit zu, sind bereit, über unseren Glauben Auskunft zu geben – und heißen jeden willkommen, der mit uns gemeinsam den Weg mit Jesus Christus gehen will. Wir wollen hier nicht Anleitung geben, wie man Muslime „bekehren" kann. Wer das Evangelium hört, muss sich selber entscheiden, ob er „sich bekehren" will. Aber bekehrte Muslime sollten wissen und spüren, dass sie in der christlichen Gemeinschaft herzlich als Brüder und Schwestern willkommen sind.

Wir haben in dieses Buch drei Lebensberichte von ehemaligen Muslimen aufgenommen, die bewusst ihr Leben Jesus Christus anvertraut haben. Diese Berichte machen anschaulich, was Muslime dazu bewegen kann, sich Jesus Christus zuzuwenden. Außerdem zeigen sie, dass es nicht sinnlos und vergeblich ist, Muslimen das Evangelium weiterzusagen.

Wir sind uns bewusst, dass einiges von dem, was wir hier schreiben, nicht unbedingt mit dem übereinstimmt, was die Mehrheit der Christen in Europa denkt. Wir können hier nicht unsere theologischen Grundlagen im Detail erläutern und begründen. Es sei nur angemerkt, dass wir uns bemühen, unsere praktischen Anregungen erstens auf der Grundlage der Bibel zu formulieren und zweitens auf den reformatorischen Grundpositionen: Allein Jesus Christus – Allein die Heilige Schrift – Allein aus Gnaden – Allein durch Glauben. Von dieser Basis aus beurteilen wir auch den Islam.

Nach unserer Auffassung darf eine Ablehnung des Islams als Weg der Rettung niemals dazu führen, die Muslime abzulehnen. Wir hoffen, dass es uns gelingt, dies in unseren Ausführungen deutlich zu machen.

Als Autorenteam danken wir all den Personen, die zu diesem Buch mit ihren Tipps, Korrekturen und Ergänzungen beigetragen haben! Ohne sie würde sicherlich Wesentliches fehlen.

Die Autoren

1

Unsere Grundeinstellung gegenüber Muslimen

Oft wird jemand einfach „ins kalte Wasser geworfen" und befindet sich unvermittelt in einer ihm fremden Situation:

- Der neue Kollege ist Muslim, man kommt ins Gespräch und schon bald geht es auch um Glaubensfragen.
- Bei einem Schulfest begegnen Sie den Eltern einer Klassenkameradin Ihrer Tochter: Die türkischen Eltern würden sich freuen, wenn ihre Tochter gemeinsam mit Ihrem Kind für die Schule lernen könnte.

Sie haben unter Umständen gar nicht lange Zeit zu überlegen, welche Grundeinstellung, Vorkenntnisse etc. Sie für eine Begegnung mit Muslimen mitbringen sollten. Ein Kontakt ergibt sich „einfach so" – und Sie werden, ob Sie wollen oder nicht, mit einer Menge neuer Fragen konfrontiert.

Aber auch wenn ein Kontakt schon besteht, kann es sinnvoll sein, sich zu überlegen: Was sind Grundbedingungen, damit die Beziehung in guter Weise weiter wachsen kann? Welche Einstellungen könnten hinderlich oder sogar zerstörerisch wirken?

Und wenn Sie dieses Buch lesen, weil Sie neu starten wollen: Es ist gut, sich gründlich vorzubereiten. Aber legen Sie die Latte auch nicht zu hoch. Vieles lernt man erst richtig, wenn man auf dem Weg ist. Eines ist allerdings wichtig:

Wenn Sie als authentisch lebender Christ Muslimen begegnen und ihnen das Evangelium nicht vorenthalten wollen, reicht menschlicher Enthusiasmus nicht aus. Dafür gibt es in solchen Kontakten gewöhnlich zu viele Herausforderungen und Enttäuschungen. Wenn Sie aber das Vertrauen haben, im Einklang mit Gottes Willen und unter seiner Begleitung in diese Aufgabe einzusteigen, dann bereiten Sie sich betend vor und wagen Sie mutig die ersten Schritte!

a. Vorurteile

Wenn wir Fremden zum ersten Mal begegnen, bringen wir gewöhnlich eine ganze Reihe von Vorurteilen mit. Was wir in unserer Kultur gelernt haben, erscheint uns als „das Natürlichste von der Welt". Fremdes kommt uns eigenartig, wenn nicht gar falsch vor, und es gibt mehr als genug Möglichkeiten für Missverständnisse.

Es ist gut, wenn wir uns bewusst sind: Das, was uns fremd vorkommt, können wir vielleicht nicht sofort richtig „einordnen" und wir können uns täuschen – im Positiven wie im Negativen. Dann werden wir weniger stark „enttäuscht".

Um Vorurteile zu überwinden und mehr Verständnis zu gewinnen, ist es wichtig nachzufragen. Das können wir mit dem Hinweis „Andere Länder, andere Sitten" sehr leicht begründen – und unsere Gesprächspartner werden es verstehen, denn ihnen geht es meistens nicht anders. Durch Fragen, Beobachten – und zum Teil auch durch Erklären, wie etwas bei uns üblich ist – werden wir vieles lernen und viele Vorurteile nach und nach über Bord werfen.

b. Ängste

Ja, auch Ängste sind „normal". Fremdes macht uns unsicher, und Unsicherheit macht ängstlich. Das kann aber auch bewirken, dass wir uns vorsichtiger bewegen.

Es mag nicht unbedingt die beste Lösung sein, sich sofort wagemutig und mit großer Offenheit in die fremde Kultur hineinzustürzen. Die Menschen, die wir kennenlernen wollen, empfinden uns zum Teil auch als fremd. Sie fühlen sich uns gegenüber vielleicht unsicher und ängstlich und wollen nicht „überfallen" werden. Besser ist wohl, unsere Ängste ernst zu nehmen, uns aber nicht von ihnen völlig ausbremsen zu lassen.

Wie ängstlich oder wie mutig sind Sie? Welche Schritte können Sie gehen, ohne zu starkes „Herzklopfen" zu bekommen: Ist es für Sie erst einmal genug, die neuen muslimischen Nachbarn freundlich zu grüßen und nach einiger Zeit ein Gespräch über das Wetter (oder ein ähnliches naheliegendes Thema) zu beginnen?

Oder haben Sie den Mut, schon gleich am nächsten Tag bei ihnen zu klingeln, ihnen als Willkommensgruß ein paar Süßigkeiten (islamisch erlaubte!) und ein paar Blumen zu bringen? – Dabei könnte es natürlich passieren, dass Sie eingeladen werden hereinzukommen. Wie aufregend wäre es dann für Sie, eventuell nicht zu wissen, ob Sie die Einladung sofort annehmen dürfen, ob Sie die Schuhe ausziehen müssen und wie bald Sie wieder gehen dürfen, ohne unhöflich zu erscheinen? – Können Sie sich als Frau im Wartezimmer neben die Muslima mit Kopftuch setzen und versuchen, ein Gespräch mit ihr anzuknüpfen?

Oder fällt es Ihnen leichter, am Jahresende in einem Asylbewerberheim oder in einem Wohnblock in Ihrem Stadtviertel Muslimen christliche Kalender weiterzugeben? Vielleicht würden Sie es sogar „riskieren", Hausaufgabenhilfe oder Nachhilfeunterricht anzubieten? (Weitere Hinweise finden Sie in Kapitel 2.f.: Muslimische Kinder und Jugendliche.) Gehen Sie die Schritte, bei denen Sie sich nicht überfordert fühlen – beten Sie um Mut und gehen Sie!

Jedenfalls trifft zu: Ihre Ängste werden Sie am besten los, wenn Sie mit Freundlichkeit und Offenheit auf Muslime zugehen. Höchst selten werden Freundlichkeit und Offenheit mit Misstrauen oder Ablehnung beantwortet. Sollte Ihnen das doch passieren, vergeben Sie der entsprechenden Person und segnen Sie sie in Ihrem Herzen – und versuchen Sie es bei anderen erneut! Es wäre schon ein seltsamer Zufall, wenn Sie auch dort wieder nur die „kalte Schulter" zu sehen bekämen.

Hilfreich, um Ängste zu überwinden, sind Gelassenheit und Humor. Sie müssen nicht alles perfekt machen. Die anderen werden auch nicht alles perfekt machen. Über Missverständnisse kann man sich furchtbar aufregen und ärgern. Man kann aber auch manches aufklären, wenn es einem später bewusst wird – und dann vielleicht sogar miteinander darüber lachen oder zumindest schmunzeln. Ohne diese oder jene „Panne" wird es in der interkulturellen Begegnung nicht abgehen.

Ganz wichtig ist allerdings, dass Sie selber Muslime grundsätzlich als von Gott geliebte Menschen achten und annehmen. Menschen haben generell ein feines Gespür dafür, ob sie respektiert werden oder ob jemand sie innerlich ablehnt oder auf sie herab schaut – und Menschen aus dem Orient sind da unserer Beobachtung nach besonders empfindsam. Wer meint: „Sie müssen sich uns anpassen! Sie müssen werden wie wir!", wird schwer einen persönlichen Zugang finden. Andererseits werden Sie sich manche kulturellen „Schnitzer" erlauben können, wenn die Menschen spüren, dass Sie sie grundsätzlich akzeptieren und Gutes für sie wollen. Für viele Orientalen steht die Beziehung an allererster Stelle: Wenn die persönliche Beziehung gut ist, sind sie bereit, manches zu verzeihen und in vielem großzügig zu sein.

c. Der eigene Glaube

Wer in Kontakt mit Muslimen kommt, wird in der Regel sehr bald mit der Frage konfrontiert, was „er" oder „sie" denn selber glaubt. Religion ist bei den meisten Muslimen kein Tabu-Thema. Deshalb werden Sie sehr wahrscheinlich bald einmal gefragt, ob Sie Christ sind, ob Sie beten, ob Sie eigentlich auch fasten ... Eventuell werden Sie dann hören: „Wir Muslime und die Christen glauben ja an denselben Gott" – was so viel bedeuten kann wie: „Religion ist mir nicht so wichtig, dass ich darüber streiten würde. Ich lasse Sie glauben, was Sie glauben wollen, und wünsche mir für mich dasselbe." Vielleicht, und das ist gar nicht so selten, wird Ihr muslimischer Bekannter oder Ihre muslimische Bekannte Sie aber auch über den Islam informieren und versuchen, Ihnen den Islam „schmackhaft" zu machen und Sie zum Islam einladen.

Da ist es hilfreich, wenn Sie sich möglichst früh klar werden, welche Bedeutung der christliche Glaube für Sie hat. Manche Christen sind in eine Beziehung zu Muslimen „hineingeschlittert" und eigentlich erst in der Auseinandersetzung mit dem Islam zu einem lebendigen, persönlichen Glauben an Jesus Christus gekommen. Sie wurden herausgefordert, Antworten zu geben. Dabei haben sie den Schatz Gottes in der Bibel, den sie vorher kaum kannten, ganz neu entdeckt. Andere aber sind furchtbar ins Schleudern geraten. Manche sind sogar so ins Zweifeln gekommen, dass sie dem Christentum den Rücken gekehrt haben. Einige sind Muslime geworden – unserem Eindruck nach, ohne eigentlich den biblischen christlichen Glauben und den Islam wirklich zu kennen.

Wir schreiben dieses Buch im Wesentlichen für Menschen, die Jesus Christus als ihren persönlichen Retter kennen, d. h. für Menschen, die wissen, dass sie durch ihn Vergebung für ihre Schuld erhalten haben und zu Kindern

Gottes (Joh 1,12) geworden sind und nun in einer lebendigen Beziehung mit ihm leben. Natürlich gibt es viele verschiedene Arten, mit Muslimen positive Kontakte zu haben. Unverzichtbare Grundlage für die missionarische Begegnung mit Muslimen, die ja das Hauptthema dieses Buches darstellt, ist allerdings die Dankbarkeit für das persönliche Heil in Jesus Christus. Er schenkt uns ja die Gewissheit, durch ihn mit dem einen lebendigen Gott versöhnt zu sein. Wir sprechen hier von Heilsgewissheit.

In der Begegnung mit Muslimen geht es für uns als wiedergeborene Christen nicht darum, lediglich eine religiöse Lehre zu vermitteln oder ein unverbindliches Gespräch über religiöse Ansichten zu führen. Wer durch Jesus Christus Gottes Liebe persönlich erfahren hat (Joh 15,9), möchte sie auch an andere Menschen weitergeben. Diese Liebe Gottes brauchen wir auch als beständige Kraftquelle. Sonst werden wir nicht den langen Atem haben, der nötig ist, um Menschen auch dann noch lieben zu können, wenn sie uns nicht schon bald mit Dankbarkeit oder Gegenliebe antworten oder uns sogar ablehnen.

Was Muslime über den Islam sagen – und vor allem ihre Anfragen an das Christentum –, stellen für die meisten von uns eine starke Herausforderung dar. Wer sich als Christ auf Glaubensgespräche mit überzeugten Muslimen einlässt, wird bald das Bedürfnis spüren, „bibelfester" zu werden. Anhänger der Ahmadiyya-Gruppe wurden schon vor Jahren geschult, Christen argumentativ in die Enge zu treiben. Da ist es sehr hilfreich, solide Bibelkenntnisse zu besitzen und den eigenen Glauben gut durchdacht zu haben. – Sie müssen aber nicht auf alles sofort eine Antwort wissen. Der christliche Glaube ist zuerst eine persönliche Vertrauensbeziehung zu Jesus Christus. Das Wissen und Verstehen wächst mit der Zeit. Deshalb können Sie durchaus zugeben, wenn Sie auf eine Frage noch keine Antwort wissen – und versuchen, sich die nötigen Informationen zu holen.

Unserem Eindruck nach wächst auch die Notwendigkeit, dass Eltern ihren Kindern und Pastoren ihren Gemeindegliedern helfen, die Bibel besser kennenzulernen und biblische Zusammenhänge gründlicher zu erfassen. Denn an immer mehr Orten kommen Christen in Kontakt mit Muslimen, die – mit islamischem Selbstbewusstsein, die scheinbar „beste Religion" zu haben – das Christentum in Frage stellen. Da werden wir ein gründlicheres Bibelwissen und auch ein gewisses Verständnis für geschichtliche und „dogmatische" Fragen brauchen – schon um nicht selber zu sehr verunsichert zu werden, aber auch um hilfreiche Antworten geben zu können: Wer hat wann die biblischen Bücher geschrieben? Was bedeutet der Ausdruck „Sohn Gottes"? Warum sprechen wir von einem „drei-einigen Gott"?

Jeder, der versucht, Jesus nachzufolgen, oder der in der Gemeinde mitarbeitet, erlebt „Anfechtungen": Enttäuschungen, Zweifel, Entmutigung usw. Das wird auch nicht anders sein, wenn Sie Kontakte zu Muslimen aufnehmen, um sie mit Jesus Christus bekannt zu machen. Bleiben Sie in solchen Anfechtungen nicht allein! Suchen Sie das Gespräch mit anderen Christen, die Ihnen Rat und Hilfe geben können! Manchmal mag es schmerzlich erscheinen, wenn – bildlich gesprochen – Zweifel an den Ästen Ihres Glaubens rütteln. Es bedeutet aber zugleich eine Chance, dass die Wurzeln sich umso tiefer gründen und Ihr Glaube wächst und stärker wird.

d. Zeugen für Jesus Christus

Jesus Christus hat denen, die an ihn glauben, einen klaren Auftrag gegeben: „Und er sprach zu ihnen: Geht hin in alle Welt und predigt das Evangelium aller Kreatur"

(Mk 16,15). Allerdings ist es nicht nur ein „Befehl", der uns motiviert. Wer in einer persönlichen Beziehung zu dem auferstandenen und lebendigen Herrn Jesus Christus lebt, wird auch den Wunsch haben, anderen Menschen von ihm weiterzusagen. Der Heilige Geist leitet Menschen an, Zeugen für Jesus Christus zu sein (Apg 1,8). Kurze Zeit nach der Kreuzigung und Auferstehung von Jesus Christus sagten Petrus und Johannes: „Es ist uns unmöglich, nicht von dem zu reden, was wir gesehen und gehört haben" (Apg 4,20). Das gilt doch auch für uns! Wie viel haben wir empfangen! Vergebung aller unserer Sünden, Frieden mit Gott, eine lebendige, ewige Hoffnung, einen himmlischen Vater, der uns liebt, für uns sorgt und uns leitet ... Davon können und dürfen wir doch nicht schweigen!

Zeugen für Jesus Christus zu sein bedeutet aber nicht nur, von ihm zu reden. Auch unsere Einstellung Menschen gegenüber und unser ganzes Verhalten sollen Spiegelbild seiner Liebe und Aufrichtigkeit sein. Dazu brauchen wir seine Kraft – und immer wieder Vergebung und Kurskorrektur.

So ist es auch in der Begegnung mit Muslimen nötig, dass wir darauf achten: Sind unsere Motivation und unsere Methoden rein und wahrhaftig? Es soll sich nicht eine Einstellung des Kampfes gegen Menschen einschleichen und die Liebe, die „des Anderen Bestes" sucht, verdrängen. Niemals kann es unser Ziel sein, Recht zu behalten oder gar einen anderen „niederzumachen". Unser Reden soll ehrlich und wahr sein. Auch wenn wir noch so gerne „Menschen für Jesus gewinnen" möchten, dürfen wir z. B. mögliche Schwierigkeiten in der Nachfolge nicht verschweigen.

Als Zeugen unseres Herrn Jesus Christus sind wir ihm verantwortlich. Falls jemand unlauter argumentiert oder unseren Glauben schmäht: Unser Reden und Handeln dürfen wir nicht an dem unseres Gegenübers messen und in ähnlicher Weise reagieren. Unser Maßstab ist Jesus Christus selber. Sein Geist muss uns leiten.

Unser Auftrag besteht nicht darin, in eigener Kraft zu kämpfen und zu „siegen"; Jesus Christus soll durch uns mit seinen Methoden sein Reich bauen. Deshalb brauchen wir auch nicht zu meinen, mit allen Mitteln unsere Überlegenheit demonstrieren und immer als die Klügeren oder Besseren dastehen zu müssen. Manchmal vermitteln wir in einer Position der Schwäche Gottes Liebe deutlicher als in einer Position der Stärke.

1. Timotheus 1,5: „Das Endziel der Weisung aber ist Liebe aus reinem Herzen und gutem Gewissen und ungeheucheltem Glauben."

Auch wenn wir mit aufrichtiger Liebe unsere Kontakte zu Muslimen beginnen: Wachsamkeit ist nötig, damit unsere grundlegende Motivation sich nicht allmählich verschiebt. Wenn wir sehen, dass der Islam in unserer Gesellschaft nach immer mehr Einfluss strebt, kann in uns der starke Drang entstehen, dem etwas entgegenzusetzen. Fast unmerklich kann es unser Hauptziel werden, das „Christentum" und die westliche „christliche" Kultur verteidigen zu wollen. Persönlich muss sich jemand unter Umständen fragen: Ist mein eigentliches Ziel die Selbstbestätigung, indem ich Diskussionen gewinne? Sehe ich mich gerne als jemanden, der anderen Belehrung über religiöse Fragen erteilen kann? Oder geht es mir wirklich darum, Menschen den Weg der Rettung zu zeigen? Siehe Punkt g.: Gebet.

Orientierung und Kurskorrektur bekommen wir dadurch, dass wir immer wieder neu Gottes Liebe zu den verlorenen und nicht-wiedergeborenen Menschen erkennen und uns von ihr motivieren lassen. Wir brauchen eine frische, lebendige Sicht für Gottes gerechtes und unbestechliches Gericht über die menschliche Sünde – und für seine unverdiente, befreiende Gnade in Jesus Christus. Wenn beides uns deutlich vor Augen steht, können wir das Evangelium in lebendiger Weise weitergeben – als etwas, das uns selber froh macht, und nicht als „tote Theorie".

Dabei sind unsere liebevolle persönliche Zuwendung zu Menschen und unser echtes Interesse, dass „ihr Leben gelingt", schon ein Teil unserer „Verkündigung". Sie weisen hin auf den Gott, der uns Menschen sucht und in seine Gemeinschaft einlädt. So wie Jesus Christus mit allerlei Leuten gegessen und getrunken hat, kann auch für uns das Teetrinken bei einer pakistanischen Familie oder das Mitfeiern bei einer türkischen Hochzeit Teil unserer missionarischen Begegnung mit Muslimen sein. Denn „Mission" geschieht nicht „von oben herab", sondern von Mensch zu Mensch auf derselben Ebene.

e. Lebensberichte
Herr Farschid berichtet als Iraner von seiner Hinwendung zu Jesus Christus:
Die Bibel war bei meiner Bekehrung zentral wichtig für mich. Sie hat Kraft und ist voller Liebe. Ich war kein radikaler Muslim. Die Iraner waren ursprünglich nicht sehr religiös. Früher hatten sie die Zarathustra-Religion und erst durch den Krieg wurden sie Muslime. Persisch ist auch nicht mit Arabisch vergleichbar. Wir lesen zwar die arabischen Buchstaben, aber wir verstehen die Worte meist nicht. Ich musste acht Jahre den Koran lesen, aber ohne zu verstehen. Rezitieren brachte die positiven Punkte. Meine Familie war nicht muslimisch. Sie lehrten uns: Gott ist gut und er ist Einer, aber das war's schon. Der Koran lag im Regal, ja, aber was darin steht, wussten wir nicht. Wir mussten das auch gar nicht wissen. Ich war in dieser Unwissenheit groß geworden. Ich bekam aber immer eine EINS für meine Islamfächer. Dann kam ich zwecks Studiums in die Ukraine. Dort fand ich einen iranisch-christlichen Freund

und einen amerikanischen Missionar als Kommilitonen in Informatik. Sie luden mich ein: „Lass uns beim Kaffee über den Glauben reden." Wir hatten also ein Cappuccino-Meeting. Als erstes erzählten sie mir ihren persönlichen Werdegang, wie sie Christen geworden waren. Ich dachte bis dahin, Christen müssen immer gute Beziehungen zum Vatikan halten. Doch meine Freunde waren gute Programmierer und dabei trotzdem Christen. Manche Christen scheinen doch ganz normal zu sein, dachte ich daraufhin. Sie luden mich zur Bibelstunde ein. Ich willigte ein, denn ich war stolz. Ich wusste ja alles, dachte ich. Im Iran hatten wir Sektenunterricht bekommen. Ich sagte deshalb meinen christlichen Freunden: „Ihr könnt gerne von mir lernen, ich weiß eine Menge!" – Sie antworteten: „Lies die Bibel." – Ich drohte: „Ja, das werde ich tun, aber ich werde euch die Widersprüche der Bibel aufzeigen!" – „Ja, das ist schon okay", sagten sie. „Schön, wir freuen uns darauf."

So begann ich das Evangelium des Johannes zu lesen. Der erste Satz enthielt schon einen Widerspruch. Wenn ich es nicht verstehe, dann ist es ein Widerspruch. Ich spürte die praktische Liebe der Christen, sie sangen Lieder. Ich sagte ihnen, was an ihrem Glauben alles falsch ist. Aber sie antworteten mir mit Liebe. Sie sagten, ich müsse den Kontext beachten, in dem manche Worte der Bibel standen. Sie wussten erstaunlich viel über Bibel und Islam. Ich verstand: „Diese Christen sind nicht vom Mars." Sie sind gute Leute. Dann las ich die Bibel und ich spürte die Liebe, die von Jesus ausgeht. Ein Gott, der nicht fern ist. Ein Gott, der weint. Für uns emotionale Iraner ist das sehr wichtig: Gott ist so kraftvoll und doch so liebevoll. Das hat mich tief beeindruckt. Und wie alle Muslime hatte auch ich das Problem mit der Trinität. Drei Götter? Meine Freunde gaben mir eine gute und einfache Antwort: „Wir glauben auch nur an einen Gott! Wir wissen auch nicht alles. Aber wenn wir im Himmel eines Tages das Angesicht von Jesus sehen, dann werden wir alles wissen. Du kannst über die Trinität mehr wissen, wenn du Jesus in dein Leben eingeladen hast. Er starb für dich am Kreuz." – So lud ich Jesus Christus in mein Herz ein. Zum Glück hat Jesus meinen Wunsch erfüllt und mein Gebet. Er hört wirklich! Das war eine Nacht im Oktober bei mir! – Unser Gott hat sich gedemütigt, kam auf diese Welt, half mir kraftvoll am Kreuz. Diese Liebe, die sichtbar wird, die fehlt im Koran völlig. Dort gibt es zwar auch einen kraftvollen Gott, aber er bleibt fern. Jesus ist dagegen ein kraftvoller Gott und doch liebevoll. Hier die Bibel, du kannst sie selbst lesen. Ich bin seit dem Jahr 2006 gläubig und habe immer noch keine Widersprüche gefunden.

Ich wollte anfangs die Bibel alleine zu Hause nicht lesen, weil ich viele Fragen zum Text hatte. Die Bibelstudiengruppe war deshalb zentral. Gemeinsam die Bibel lesen und Gemeinschaft. Das ist Bibellesen praktisch. Ich kann nur allen sagen: „Probiert mal dieses Bibelschnitzel. Es schmeckt gut!" Wir haben ein Bibelbuffet in der FeG, und Gäste schmecken, dass wir liebevoll sind. Wir lesen in unserer persischen Kultur kaum. Deshalb versuchen wir, es auf diese Weise schmackhaft zu machen. Das ist ein Buch mit Händen und Füßen, nicht nur ein Buch. Wir bereiten den Tisch vor, aber der Heilige Geist macht das Essen und alles.

Frau Lale aus der Türkei findet Jesus:
Mein Vater nahm seinen islamischen Glauben sehr ernst und war bemüht, die Gebote des Islams zu halten. Er schickte uns Kinder in den Korankurs. Ich lernte arabisch Lesen, die arabischen Gebete auswendig hersagen und das Leben Mohammeds kennen. Über die Zeit vor Mohammed erfuhren wir dagegen nichts. Zum Beispiel hörten wir zwar

davon, dass Mose das Meer teilte, aber warum er das tat, erfuhren wir nicht. Jesus hatte vier Evangelien. Da fragte ich mich: Warum vier? Ist das vielleicht eine magische Zahl? Wir lernten nicht, warum es vier Evangelien gab. Ich hatte viele Fragen im Kopf, aber ich hielt mich zurück, weil man im Islam keine Fragen stellt. Als ich 19 Jahre alt wurde, glaubte ich weder an den Islam noch an Allah. Für mich waren das mythologische Geschichten. Ich studierte in Izmir an der Universität. Eines Abends fragte ich mich: „Ob es Gott doch gibt?" Wenn ja, dann habe ich ein Problem, weil ich nicht mit Gott lebe. Jeder würde etwas Gutes über mich sagen. Aber ich wusste, ich würde in die Hölle kommen. Ich betete: „Du musst mir den Weg zeigen, alleine komme ich in die Hölle. Das ist deine Verantwortung! Jetzt musst du mir es zeigen, sonst kannst du mich später nicht in die Hölle schicken. Denn ich habe dich ja vorher um Hilfe gebeten!"

Einige Tage später sah ich in der Tageszeitung eine christliche Anzeige. Ich bestellte ein kostenloses Neues Testament. Ich wollte mehr über die Zeit vor Mohammed erfahren. Doch die Christen schickten mir nur einen Bibelkurs ohne ein Neues Testament. Das fand ich langweilig und ich war enttäuscht, weil ich keine Bibel erhalten hatte. Nachdem ich den Kurs weggelegt hatte, nahm ich ihn Monate später noch einmal in die Hand, weil ich für die Ferien mein Zimmer räumen musste. Sollte ich den Kurs mitnehmen oder nicht? Ich wusste irgendwie: Dieser Kurs würde zwischen mir und meinen Eltern stehen. Kommunistische und andere verpönte Bücher waren früher kein Problem, dachte ich, aber dieser Kurs war etwas anderes. So warf ich den Kurs in den Abfall. Später bekam ich diesen aber ungefragt noch einmal zugeschickt. Ich denke, manche Menschen brauchen einfach eine zweite Chance. Ich wollte ja früher von der Zeit vor Mohammed erfahren durch das Neue Testament. Als ich den Kurs las, erfuhr ich zum ersten Mal, dass Gott die Menschen liebt. Meine Eltern sagten mir immer nur, dass der Mensch von Gott geprüft wird, andererseits hat Gott aber ihren Weg vorherbestimmt. Jetzt hieß es in dem Bibelkurs, dass Gott die Menschen liebt. Er hat für die Menschen von Anfang an einen guten Plan. Diesen hat er nicht geändert. Also: Der Vorwurf von gefälschten Büchern war falsch. Er hatte seinen Plan nicht geändert. Ja, dachte ich, genau! Wenn es Gott wirklich gibt, dann muss es genauso laufen.

Dann las ich viel über Adam, Noah, Josef und Abraham. Ich hatte im Islam von ihnen gehört, wusste aber nichts Näheres. Jetzt begann ich zu verstehen, dass Gott dieses Volk treu führte und benutzte. Früher hörte ich im Islam immer schlechte Dinge über Israel und die Juden und nun sah ich etwas anderes in der Bibel. Meine Neugier wuchs. Beeindruckend war für mich die Persönlichkeit von Jesus, wie er den Menschen liebevoll begegnete, den Pharisäern logisch antwortete. Jesus war nett, ein guter Philosoph, dachte ich. Im Bibelfernkurs wurde die Frage gestellt, was ich glaube, wer Jesus ist: Philosoph, guter Mensch oder Sohn Gottes. Der Kurs erklärte jede Antwort. Aber nein, ich glaubte noch nicht an Gott.

Nach einem Jahr realisierte ich plötzlich, dass ich mittlerweile in meinem Inneren mit Jesus sprach. Ich stellte Fragen: „Zeig mir den Weg. Was mache ich hier?" Redete ich mit mir selbst? So sprach ich ein Gebet: „Jesus, wenn du mich wirklich hörst, dann komm in mein Leben und führe mich." – Nichts passierte. Doch am nächsten Tag erkannte ich, ich hatte eine Entscheidung getroffen. Ich bekam Frieden ins Herzen. Ich hatte keinen Zauberstab geschluckt. Nein! Gott gab mir diesen Frieden. Schritt für Schritt bin ich seit 1993 im Glauben gewachsen. Ich erlebte viele Höhen und Tiefen. Es gab Zeiten, wo ich sagte: Der

Preis ist zu hoch, wenn ich an Jesus glaube. – Ich dachte, wenn ich an Jesus glauben würde, dann wäre alles perfekt, dann gäbe es keine Probleme mehr. Doch das war nicht so. Es gab Probleme, und ich musste jeden Moment entscheiden, ob ich weiter mit Jesus gehen wollte. Doch sobald ich mich neu für Jesus öffnete, erlebte ich seine Hilfe. Ich danke denen, die sich mit dem Bibelfernkurs um mich bemühten und detailliert meine Fragen beantworteten. Ab und zu, wenn ich an sie denke, bete ich für sie.

Herr Yildirim aus der Türkei erlebt Jesus:
Ich wurde in der Türkei in einer muslimischen Familie geboren. Aufgewachsen bin ich bei meinen Großeltern. Als ich 15 Jahre alt wurde, habe ich mich mehr für die Politik interessiert und alle religiösen Dinge aufgegeben. 1993 kam ich nach Deutschland. Im Jahr 1998 zog ich nach Münster um. Mein Nachbar war ein netter Mann. Sein Leben beeindruckte mich sehr, weil er immer so freundlich war und mich immer herzlich grüßte. Das Problem für mich war, dass er Christ war. Ich dachte, dass alle religiösen Leute dumm und schwach seien, aber er war anders. Er war intelligent und liebevoll. Obwohl er viel arbeiten musste, war er immer zufrieden. Ich habe ihn und sein Leben genauer beobachtet. Stück für Stück wuchs mein Interesse am Christentum, so dass ich fragte, ob der Nachbar mir eine türkische Bibel geben könnte. Ich wusste bis dahin nichts anderes über diese Religion, als was ich von meiner ersten Vermieterin kannte: das Suchen der Ostereier, Stress wegen Weihnachtsessen und in der Kirche Kerzen anzünden.

Als ich das Neue Testament bekam, las ich gleich das Matthäusevangelium. Dabei stellten sich mir eine Menge Fragen und auch viele Kritikpunkte. Doch bei denen konnte mein Nachbar mir nicht wirklich helfen, weil ich nicht genug Deutsch verstand. Er sagte mir immer wieder, dass ich diese Fragen Jesus Christus selbst im Gebet stellen sollte. Das war für mich eine seltsame Vorstellung, dass ich mit Gott reden konnte. In ungefähr sechs Monaten las ich dann das ganze Neue Testament. Für eine Weile hielt ich Jesus für einen guten Menschen, einen Revolutionär, für einen Menschen voller Barmherzigkeit, den ich zu lieben und dem ich zu vertrauen begann. Er wurde für mich mehr als ein guter Sozialdemokrat – aber seine Gottheit konnte ich nicht akzeptieren. Wenn er Gott wäre, hätte er nicht sterben müssen. Er sagt doch in Matthäus und Markus: „Mein Gott, mein Gott, warum hast du mich verlassen?"

Eines Abends betete ich endlich im Namen von Jesus, wie mein Nachbar es mir empfohlen hatte. Ich weinte, wurde innerlich ruhig, aber mir war noch immer unklar, warum Jesus am Kreuz sterben musste. In der Nacht wachte ich auf und las im Lukasevangelium: „Vater, vergib ihnen, denn sie wissen nicht, was sie tun!" (Lukas 23,34). Ich hatte die Antwort gefunden. Mir wurde klar, dass Jesus wirklich der Herr ist und für meine Sünden hingegangen war, um am Kreuz zu sterben. Mein Herz wurde mit Freude und Dankbarkeit erfüllt. So kam ich zum Glauben und wurde im Jahr 2001 getauft.

Als ich das erste Mal den Hauskreis von meinem Nachbarn besuchte, kannten die schon alle meinen Namen. Ich wunderte mich, woher. Sie bekannten mir: „Wir haben jede Woche für dich gebetet!"

Unser christliches Leben kann ein großes Zeugnis für Jesus sein, wenn Christus in mir lebt, wie in Galater 2,20 beschrieben: „Das Leben, das ich jetzt noch in diesem vergänglichen Körper lebe, lebe ich im Vertrauen auf den Sohn Gottes, der mir seine Liebe erwiesen und sein Leben für mich gegeben hat."

f. Unser Auftrag

Der Auftrag, den Gott uns gibt, ist eigentlich unvorstellbar groß: Wir sollen Menschen den Weg zur ewigen Rettung zeigen. Die Nachricht, die wir zu überbringen haben, ist wichtiger als alles, was wir sonst jemandem mitteilen können. Sie hat Auswirkungen auf die Gegenwart und bis in alle Ewigkeit!

Als Jesus seine Jünger aussandte, gab er ihnen die Zusage mit auf den Weg: „Wer euch hört, hört mich; und wer euch ablehnt, lehnt mich ab; wer aber mich ablehnt, lehnt den ab, der mich gesandt hat" (Lk 10,16). Durch unsere schwachen und vielleicht auch ungeschickten Worte will er selber zu den Menschen reden. Ja, er sagt uns sogar, dass Gott selber durch unser Glaubenszeugnis zu den Menschen reden will. Damit gibt er uns eine enorme Bevollmächtigung, aber auch eine große Verantwortung!

Schweigen ist nicht möglich, weil Jesus uns berufen hat, seine Zeugen zu sein. Auf die Dauer nur über Alltägliches zu reden, ist besonders bei längeren Kontakten eine Gefahr. Da müssen wir uns eventuell neu deutlich machen, dass es um Rettung oder Verlorensein geht und dass nur das Evangelium „Gottes Kraft zur Rettung" ist (Röm 1,16). – Beim Austausch über religiöse Gedanken und Erfahrungen stehen zu bleiben, ist nicht möglich, weil es von Gott her nur einen einzigen Weg zur Errettung und zur Gemeinschaft mit ihm gibt (vgl. zum Beispiel Joh 14,4!). Auch fromme Muslime brauchen das Evangelium. Auch auf sie trifft Gottes Urteil zu: „Es ist kein Unterschied, denn alle haben gesündigt und erlangen nicht die Herrlichkeit Gottes und werden umsonst gerechtfertigt durch seine Gnade, durch die Erlösung, die in Christus Jesus ist" (Röm 3,22-24).

Natürlich sind wir herausgefordert, unseren Glauben mit eigenen Worten zu bezeugen und zu erklären. Wenn wir nur Bibelworte zitieren, ist das für unsere muslimischen

Gesprächspartner unverständlich. Viele Begriffe verstehen sie anders, als sie in der Bibel gemeint sind. Zum Beispiel ist für sie „Gebet" ein genau vorgeschriebenes Ritual und nicht ein vertrauensvolles Gespräch mit dem Vater im Himmel (vgl. dazu auch 3.d.4 – Erklären: Missverständnisse aus dem Weg räumen). Viele Zusammenhänge sind ihnen nicht vertraut. Und außerdem dürfen wir nicht durch bloßes Zitieren den Eindruck erwecken, es gehe um eine theoretische Überzeugung und einen reinen „Buchglauben". In welcher Weise der Glaube an Jesus Christus ein Leben von innen her verändern kann, ist ihnen ja in der Regel nicht bekannt. Davon können und müssen wir ihnen erzählen (siehe 3.d.2 – Bezeugen: vom Leben und von Erlebtem erzählen – 1.e. Lebensberichte: Farschid, Lale und Yildirim erzählen).

Andererseits ist es jedoch nötig, dass sie erkennen: So persönlich wir auch von unserem Glauben sprechen, wir geben trotzdem keine unverbindliche „Privatmeinung" weiter. Was wir sagen, hat seine Grundlage im Wort Gottes. Nicht jeder Mensch muss in allen Einzelheiten die gleichen Erfahrungen machen wie wir, aber Gottes Zusagen in seinem Wort gelten für alle und sind erfahrbar für alle, die ihm glauben.

Um die biblische Botschaft angemessen weitergeben zu können, ist es nötig, dass wir selber mit Gottes Wort leben. Je gründlicher wir es kennenlernen, umso besser können wir auch überprüfen, ob das, was wir weitersagen, mit Gottes Wort übereinstimmt. Wir wollen ja in dieser wichtigen Sache, einer Entscheidung über ewiges Leben oder ewige Trennung von Gott, niemanden in die Irre führen!

g. Gebet

Angesichts dieses Auftrags ist auch klar: Das Gebet muss ein grundlegendes Element unseres Dienstes sein! Wir dürfen und müssen um Mut und Vollmacht für uns selber bitten – wie es die Glieder der Urgemeinde in Apostelgeschichte 4,29 getan haben: „... hilf uns als deinen Dienern, furchtlos und unerschrocken deine Botschaft zu verkünden." Auch dürfen wir andere bitten, für uns zu beten, wie Paulus das in Epheser 6,20 seinen Lesern schreibt: „Ich bin ja als Gottes Gesandter für das Evangelium tätig, und gerade deshalb bin ich zur Zeit im Gefängnis. Betet, dass ich meinen Auftrag erfülle und diese Botschaft frei und offen weitergeben kann." (NGÜ)

Gebet ist weiterhin wichtig als Vorbereitung für konkrete Begegnungen mit Muslimen. Auch während eines Gesprächs können wir Gott bitten, uns Weisheit und die richtige Einstellung zu unserem Gesprächspartner zu schenken. Und weil nur Gottes Geist einen Menschen in seinem Innersten von der Wahrheit des Wortes Gottes überzeugen kann, ist begleitende, andauernde Fürbitte für die Muslime nötig, denen wir das Evangelium von Jesus Christus weitersagen.

Im Gebet können wir auch bei Gott Schutz suchen vor und in geistlichen Angriffen. Es kommt vor, dass einzelne Muslime versuchen, denjenigen mit Flüchen und Ähnlichem zu schaden, die ihnen und anderen das Evangelium weitersagen. Deshalb ist es gut, auch andere um Gebetsunterstützung zu bitten.

Beteiligen Sie sich an der Gebetsaktion *30 Tage Gebet* für die islamische Welt. Dazu können Sie von der Internetseite der Evangelischen Allianz ein Gebetsheft bestellen oder herunterladen[1] (www.ead.de/gebet/30-tage-gebet/editorial.html). Während des Fastenmonats Ramadan können Sie nach dieser Vorlage jeden Tag für ihre muslimischen Mitbürger und muslimische Gruppen weltweit beten. Für den Fastenmonat Ramadan können Sie in Ihrer Gemeinde oder Ihrem Hauskreis einen besonderen Gebetsabend für die islamische Welt ansetzen, der diese Bevölkerungsgruppe als Thema des Gebets vorgibt.

Auch im normalen Gottesdienst ist es gut, wenn wir ab und zu für unsere muslimischen Mitbürger beten. Gott segne sie und schenke ihnen, dass sie zum Retter Jesus Christus finden.

h. Evangelium und Kultur

Wie man sich als Christ verhält, haben wir zum Teil von Kindheit an durch unsere Eltern und in unseren Gemeinden gelernt. Gewöhnlich fragen wir gar nicht, wie viel davon biblisch ist, und was wir einfach von unserer westlichen Kultur übernommen haben. Wenn wir Menschen aus anderen Kulturen begegnen, ist es jedoch wichtig, dass wir an etlichen Punkten zwischen Evangelium und Kultur unterscheiden lernen. Und an manchen Punkten sogar umdenken lernen: Ist Sparsamkeit oder Großzügigkeit „christlicher"? Dürfen wir mit unserer Meinung andere verletzen, weil wir ja schließlich „einfach die Wahrheit sagen"? Sind Menschen wichtiger oder unsere Termine? Könnten wir bezüglich Gastfreundschaft nicht manches von Orientalen lernen?

Wir müssen uns nicht einfach den anderen anpassen. Wir sollten aber so offen sein, dass wir auch nicht versuchen, sie in unser kulturelles Schema zu pressen. Unser Ziel für uns selber sollte sein, Christus ähnlicher zu werden – und damit hoffentlich auch bei anderen die Sehnsucht zu wecken, Jesus Christus besser kennenzulernen und ihm nachzufolgen.

i. Persönliche Begabung

Es ist klar: Nicht jeder kann alles. Gott hat uns mit sehr unterschiedlichen Begabungen beschenkt. Um den richtigen Platz für unsere Mitarbeit zu finden, dürfen wir durchaus fragen: „Was fällt mir leicht? Was tue ich gerne?" – einmal abgesehen davon, dass jeder Beginn einer christlich motivierten Aktivität ein gewisses Maß an Überwindung und Mut braucht. Kann ich gut alleine auf Fremde zugehen? Liegt es mir eher, im Team zu arbeiten? Besteht mein Beitrag vielleicht in der Unterstützung anderer? Um den vielen Muslimen in unserer Umgebung eine Chance zu geben, das Evangelium von Jesus Christus kennenzulernen, werden viele Einzelne mit den unterschiedlichsten Fähigkeiten gebraucht. Leute, die mit Geduld vertrauensvolle Kontakte zu Einzelnen aufbauen, ihnen praktisch Gottes Liebe zeigen und auf dieser Grundlage mit ihnen Gespräche führen. Leute, die eher versuchen, viele zu erreichen durch Büchertische oder Verteilaktionen – die solche Einsätze organisieren und andere, die sich einfach beteiligen ... Siehe auch www.orientdienst.de/aktuell/aktuelle-termine.

Wenn Gott es Ihnen aufs Herz gelegt hat, Muslimen sein Wort zu bringen, Sie aber manche Schwierigkeiten oder Defizite bei sich feststellen: Suchen Sie nach anderen, mit denen Sie zusammenarbeiten und einander ergänzen können. Gerade in der Arbeit unter Muslimen ist es riskant, ein „Einzelkämpfer" zu bleiben.

j. Und wenn wir abgelehnt werden?

Wenn ich an unsere persönlichen Begegnungen mit Muslimen denke, kann ich nur sagen, dass die meisten von Freundlichkeit, Achtung und gegenseitiger Wertschätzung geprägt sind. Ja, wir haben viele gute, liebevolle Menschen kennengelernt. Es kommt aber auch vor, dass wir abgelehnt oder geringschätzig behandelt werden. Bei Einzelnen können uns Vorurteile, das Nachplappern von Aufgeschnapptem oder eine überkritische Einstellung gegenüber der Bibel ziemlich „nerven". – Zu den nötigen Grundeinstellungen gehört, dass wir auch auf negative

Reaktionen vorbereitet sind, um darauf unsererseits nicht mit Ärger oder Ablehnung zu reagieren! Unser Ziel sollte sein, jedem Menschen – auch dem, der uns unfreundlich begegnet – die Möglichkeit zu geben, etwas Positives über das Evangelium kennenzulernen! Auch wenn es eventuell nur ein Segenswunsch ist oder die Bemerkung: „Jesus liebt Sie trotzdem!"

Aber sollen wir denn überhaupt riskieren, dass es über Glaubensfragen zum Streit kommt? Sollen wir nicht lieber um des Friedens willen „tolerant" sein? – Da Jesus Christus der einzige Weg ist, der uns nach Gottes Willen zur Gemeinschaft mit unserem himmlischen Vater bringt (Joh 14,6), können wir nicht schweigen, auch wenn andere dieser Aussage vehement widersprechen. Dennoch muss es deswegen nicht zum Streit kommen! Von unserer Seite her ist es wichtig, dass wir

1) den Absolutheitsanspruch von Jesus Christus nicht darstellen als religiösen Herrschafts-Anspruch des „Christentums", einer Kirche oder gar von uns selber. Sondern wir sollen ihn darstellen als das, was er wirklich ist: als Gottes einzigartiges Angebot der Rettung und Versöhnung.

2) diese biblische Wahrheit liebevoll, einladend und werbend weitergeben und nicht rechthaberisch.

3) nicht in irgendeiner Weise Druck ausüben. Wir können deutlich machen, dass jeder Mensch die Freiheit hat, zu prüfen, ob er das Angebot der Rettung durch Jesus wirklich als Gottes Angebot versteht. Jeder soll sich ganz persönlich entscheiden, ob er es annehmen will oder es ablehnt. Gewiss: Wir sind als Christen der Überzeugung, dass es nach dem Wort Gottes nur einen einzigen Weg zu Gott gibt – und diesen Weg möchten wir den Menschen zeigen. Solange wir dabei keinerlei Zwang ausüben, dürfen wir von ihnen erbitten und

erwarten, dass sie uns und unseren Glauben respektieren – auch wenn sie anderer Meinung sind. Wir werden auch ihre Glaubens- und Gewissensentscheidung akzeptieren und ihnen respektvoll zuhören – trotz unserer eventuell gegensätzlichen Auffassung. Vielleicht ist es hilfreich, wenn wir im Gespräch betonen: Jeder von uns ist letztlich vor Gott verantwortlich und muss vor ihm persönlich seine Entscheidung treffen. Dann sollte eigentlich Streit zwischen Menschen ausgeschlossen sein – es sei denn, man versteht schon eine Diskussion um die Wahrheit als Streit.

k. Geduld

Kontakte mit Muslimen erfordern in der Regel viel Geduld. Vorurteile und Vorbehalte müssen abgebaut und überwunden werden, bevor ein Gespräch über tiefere Fragen möglich wird. Ungeduldige, die schnell zu Entscheidungen drängen und unbedingt rasch eine Hinwendung zu Jesus sehen wollen, weil sie sonst an ihrem Auftrag zweifeln, können viel Schaden anrichten. Für Muslime hat es meistens einschneidende Konsequenzen, wenn sie sich Jesus Christus zuwenden und den Islam verlassen. Darum müssen wir ihnen Zeit lassen zu gründlichem Nachdenken, damit sie zu einer reifen Entscheidung kommen können. Vielleicht interessiert sich jemand für das Evangelium, ist aber noch nicht so weit, Jesus Christus sein Leben anzuvertrauen. Dann kann ein Drängen bewirken, dass er sich verschließt – oder dass er, um uns zu gefallen, einen „Glaubensschritt" tut, aber keine Standfestigkeit hat, wenn Schwierigkeiten auftauchen.

Oft kann uns ein Gefühl der Hilflosigkeit überfallen. Hat es überhaupt einen Sinn, etwas zu sagen und Argumente anzuführen, wenn gar keine Bereitschaft zum Zuhören da zu sein scheint? Die Ohren scheinen taub oder „auf Durchzug" gestellt zu sein. Ein Fragen nach Gott oder ein Suchen nach der Wahrheit sind nicht festzustellen. Von einem Bewusstsein für das Problem der Sünde oder gar des Verlorenseins ist nichts zu spüren. Und das eventuell trotz vieler „hausgemachter" Schwierigkeiten in Ehen und Familien: Streit, Scheidungen, Betrug, Unversöhnlichkeit, Schulden, Drogenabhängigkeit – bis dahin, dass Einzelne im Gefängnis landen. In dieser Hinsicht sind Muslime nicht anders als andere Menschen, das heißt, als andere Sünder. Ohne Gebet und Geduld wird man schnell versucht sein aufzugeben.

Was sollen wir tun, wenn Muslime uns in einem Wortschwall mit islamischen Behauptungen überhäufen? Dann lassen wir sie am besten ausreden und fragen dann nach einiger Zeit, ob sie nun alle Einwände vorgebracht haben oder noch etwas fehlt. Dann fragen wir: „Welcher dieser Einwände ist für dich persönlich am wichtigsten? Denn in kurzer Zeit kann ich dir nur einen davon beantworten. Ein anderes Mal gerne mehr."

1. Islam- und Sprachkenntnisse

Muss ich ein Islam-Kenner sein? Grundkenntnisse über den Islam sind sicherlich gut, um Muslime und auch Konvertiten mit islamischem Hintergrund besser verstehen zu können. Eine Hilfe dazu können bereits die Bücher „Murat findet Jesus"[2] (Wäsch) und „Özlem findet Jesus"[3] (Wäsch) sein; in ihnen finden Sie Lebensberichte von ehemaligen Muslimen, die sich entschieden haben, mit Jesus Christus zu leben. Die Anhänge dieser Bücher enthalten wichtige Hintergrundinformationen. Auch das Buch „Gesprengte Ketten"[4] (Ges) mit 21 Lebensberichten ist beim Orientdienst erhältlich. Eine ausführlichere Darstellung bietet das Buch „Basiswissen Islam. Wie Christen und Muslime ins Gespräch kommen" (Maurer, 2004). Beachten Sie auch weitere Informations-Quellen im Anhang.

Wichtiger noch ist allerdings das aktive Zuhören: Fragen zu stellen, um zu erfahren, was den jeweiligen Gesprächspartner beschäftigt, und fragend zuzuhören:

• Was bewegt die Person, die mir etwas über den Islam erzählt?
• Welche Vorstellung von Gott steckt hinter ihren Aussagen?
• Hat die Person Frieden mit Gott?
• Wird Sünde ernst genommen oder verharmlost?
• Erkennt die Person die Notwendigkeit der Vergebung?

Selbst wenn Sie bisher nicht viel über den Islam wissen, können Sie vom Evangelium her Fragen stellen, die den Gesprächspartner anregen, tiefer über seine Beziehung zu Gott nachzudenken. Vielleicht ist dabei sogar die Gefahr geringer, beim Thema „Islam" stecken zu bleiben und die Grundfragen aus dem Blick zu verlieren, die vom Evangelium her wichtig sind.

Schon durch Zuhören, Nachfragen und Beobachten werden Sie viel über den Islam lernen. Nehmen Sie dabei aber nicht gleich jede Information als Darstellung der „einzig gültigen islamischen Ansicht"! Es gibt viele unterschiedliche Ansichten. Und: So wenig wie jeder Christ zu allen Glaubensfragen zuverlässige Aussagen machen kann, so wenig wird auch jeder Muslim Ihnen alle Fragen korrekt beantworten können. Manches, das Ihnen gesagt wird, mag auch „Werbung" sein: Negatives und Problematisches wird übergangen. Viele haben allerdings auch den Islam, seinen „Propheten" und seine Lehren nie kritisch zu sehen gelernt.

Zu den Islamkenntnissen kommt das eine oder andere Wort, das wir in den jeweiligen Sprachen der Muslime lernen können. Das zeigt unser Interesse an ihnen und

erzeugt gleich eine viel freundlichere Atmosphäre. Sie fühlen sich ernst genommen. Welche Worte in welchen Sprachen können wir lernen? Eine Liste finden Sie dazu unter
„An open phrasebook for refugees"[5] (www.orientdienst.
de/praxis/deutschlernen-fuer-migranten/).

2

Persönliche Begegnungen
mit Muslimen

Muslime leben für manche von uns in unmittelbarer Nachbarschaft und doch auch ganz in ihrer Welt. Viele von ihnen leiden unter der Anonymität und Unfreundlichkeit unserer Industriegesellschaft. Kein Wunder, wenn sich viele in die Ghettos ihrer Großfamilien und Moscheevereine zurückziehen. Wir begegnen ihnen in öffentlichen Verkehrsmitteln, am Arbeitsplatz, an der Uni und nicht zuletzt im Krankenhaus. Wird eine Kontaktaufnahme möglich sein? Gottes Liebe, die wir persönlich erfahren haben, dürfen und sollen wir weitergeben. Wie kann das ganz praktisch gelingen und aussehen?

a. Grundlegende Tipps und „Fettnäpfchen"

Einige grundlegende Tipps für Besuche können uns helfen, „Fettnäpfchen" bei Muslimen zu vermeiden. Manches von dieser „Checkliste" erläutern wir später näher:

- Frauen bemühen sich um Frauen, Männer um Männer.
- Beine nicht überkreuzen, möglichst keine offenen Haare.
- Achten Sie als Frau auf eher konservative Kleidung, ohne veraltet zu wirken.
- Frauen sollten Männern nicht zu tief in die Augen schauen.
- Handschlag dem anderen Geschlecht gegenüber nur zögerlich und beiläufig geben.

- Die Einladung einzutreten, dürfen wir höflich annehmen.
- In der Nähe zur Tür Platz nehmen, außer wenn wir aufgefordert werden, woanders zu sitzen.
- Den Besuch nicht überstrapazieren: bis 30 Minuten, wenn unangemeldet.
- Toilettengang möglichst vermeiden. Er gilt als unrein.
- Unbedingt die rechte Hand zur Begrüßung verwenden, da die linke Hand als unrein gilt.
- Ziehen Sie Ihre Schuhe aus, auch wenn die Gastgeber sagen, es sei nicht nötig!
- Man begrüßt zuerst die Älteren, dann die Jüngeren. Ältere im Raum besonders beachten, ehren, auch wenn sie weniger Deutsch können.
- Kinder beachten und ein Segenswort aussprechen: zum Beispiel „Gott segne euch und das Kind!" Es gibt die Angst vor dem „bösen Auge", dass Dämonen aufmerksam werden, wenn man das Kind lobt oder schön von ihm redet.
- Gastfreundschaft üben, einladen und sich einladen lassen, höflich und respektvoll bleiben, dankbar genießen.
- Essen und trinken von dem, was angeboten wird, aber den Teller nicht völlig leer essen. Dies gilt als unhöflich.
- Erkundigen Sie sich interessiert über die Familie des Muslims, seine Verwandten, sein Herkunftsland, Bräuche.
- Versuchen Sie in erster Linie ins Gespräch zu kommen, nicht nur christliche Literatur weiterzugeben. Vielleicht schenkt Gott eine weitere Gelegenheit, ein Gespräch zu führen.
- Loben Sie positive Dinge, wie zum Beispiel den Glauben an Gott im Allgemeinen, was in der heutigen Zeit nicht mehr häufig vorkommt.
- Beantworten Sie nicht alle Fragen, machen Sie neugierig.
- Machen Sie nicht Israel, die USA oder den Terrorismus zum Thema.

- Kritisieren Sie nicht direkt den Koran, den Islam und Mohammed.
- Lernen Sie, die wichtigen Fragen zu stellen: „Wie geht es Ihnen? Wie möchten Sie Gott gefallen? Denken Sie, dass Ihre guten Werke ausreichen?"
- Hören Sie zu! Lernen Sie! Der Mensch hat zwei Ohren zum Hören, nur einen Mund!
- Stellen Sie sich auf einen langen geistlichen Weg mit „ihm" oder mit „ihr" ein.
- Machen Sie nicht selbst den „Sohn Gottes" und die „Dreieinigkeit" zum Thema. Sagen Sie gegebenenfalls in einem Satz, dass Sie Christ sind und daran glauben. Sie haben Ihre Gründe dafür!
- Stehen Sie fest zum christlichen Glauben und bekennen Sie sich mutig zu Jesus Christus, anstatt sich zu winden und herauszureden. Ein klares Bekenntnis kommt besser an.
- Überfordern Sie nicht mit Informationen und langen Reden. Halten Sie sie kurz und spüren Sie heraus, wie viel Information eine Person über ein Thema im Moment wirklich möchte.
- Erzählen Sie Erlebnisse, Geschichten, Gleichnisse, Sprichwörter, um Dinge klar zu machen.
- Nicht nur die Vergebung der Sünden betonen, sondern auch die Befreiung von Schande, von Unreinheit, von Einsamkeit und von der Angst vor Dämonen und Mächten der Finsternis. Denn durch Christus wird ein Mensch zur Ehre gebracht, wird rein, hat Gemeinschaft mit Gott und anderen Christen und ist geborgen durch die Macht von Jesus. Jesus gebietet den Dämonen und sie gehorchen. So wird jemand durch Jesus Christus vom Versager zum Helden!
- Versuchen Sie nicht, das Gespräch zu „gewinnen" und mit Bibelwissen zu erschlagen.

- Biblische Geschichten und Gleichnisse zunächst frei nacherzählen. Danach gegebenenfalls erwähnen, dass es eine Geschichte aus der Bibel ist. Die Zuhörer sollen wissen, dass wir uns diese Geschichte nicht selbst ausgedacht haben.
- Legen Sie die Bibel – sie wird wie der Koran als heiliges Buch gesehen – nicht auf den Boden.
- Erzählen Sie nicht von Mission, Missionaren und Konvertiten. Das wird missverstanden.
- Lassen Sie sich nicht von Angst vor dem Islam bestimmen.
- Sagen Sie nicht sofort, was Sie am Islam und an der Kultur auszusetzen haben.
- Vermeiden Sie es, ein direktes „Nein" zu sagen. Dies gilt als Ablehnung der Person. Besser ausweichen oder verallgemeinern oder keine Antwort geben. Dem anderen zeigen, dass man ihn herzlich annimmt.
- Sehen Sie Muslime als individuelle Menschen an.
- Seien Sie als Mann großzügig. Zum Beispiel zahlen Sie beim Döner das Essen für alle, doch beim Handeln seien Sie knallhart, unnachgiebig – beides erhöht Ihre Akzeptanz.
- Es ist besser, bei ihnen zu essen – ein „Heimvorteil" für sie. Als Gast werden wir als ein Gottesgeschenk für sie angesehen. Sie sehen die Gelegenheit für ein gutes Werk. Gewisse Ängste und Unwohlsein sind immer vorhanden, wenn sie bei uns zum Essen sind. Bieten Sie weder Alkohol noch Schweinfleisch an.
- Wenn Sie Orientalen unangemeldet besuchen, dann nur kurz.
- Packen Sie ein Gastgeschenk von Türken nicht vor ihnen aus. Der Besucher ist wichtiger als das Geschenk. Umgekehrt: Blumen oder Süßigkeiten aus dem türkischen oder arabischen Laden sind „sicher".

- Bieten Sie Türken auch von Ihrem Essen an, wenn Sie etwas essen. Es ist unhöflich, in Gegenwart von anderen alleine zu essen. Bis zu dreimal kann man darauf bestehen, weil viele beim ersten Mal aus Höflichkeit ablehnen.

b. Begegnungen im Alltag

Der nachbarschaftliche Kontakt beginnt mit einem freundlichen Wahrnehmen und Grüßen. Wer seine noch fremden Nachbarn einlädt und auch ihre Einladung annimmt, wird erfahren, dass erste Begegnungen wie ein „Türöffner" für weitere gute Gespräche werden. Wer möchte nicht in gutem Einvernehmen mit seinen Nachbarn leben?! Kulturelle Aspekte sind dabei natürlich zu beachten. Schnell werden Sie feststellen: Jeder Muslim, jede Muslima ist anders. Klischeevorstellungen helfen nicht. Erfahren wir im Gespräch, ob jemand vom Land oder aus der Stadt kommt, welche Bildung und welchen Beruf jemand hat, wie es dieser Person in der neuen Heimat geht, dann werden wir viele Muslime als liebenswerte Menschen schätzen lernen.

Am Arbeitsplatz, vor allem in den Pausen, wird locker über vieles gesprochen. Unser vorbildliches Leben und unsere Worte, die christliche Werte vermitteln, treffen bei ernsthaften Muslimen oft auf ein gutes Echo. Das gilt besonders, wenn es um Großzügigkeit, Ehrlichkeit, Einstehen für Werte und Überzeugungen, Vorsicht in der Haltung zum anderen Geschlecht und Ablehnung von Alkoholmissbrauch geht. Wie gut, wenn Christen bei Lebensfragen ihre Sicht beziehungsweise ihre Erfahrungen äußern. Da kann Vertrauen wachsen und bei weiteren Begegnungen so tragfähig werden, dass dann vielleicht tiefer liegende Schwierigkeiten offen angesprochen werden können.

Wie gut tut ein Besuch, wenn man krank ist. Das wissen die, die es am eigenen Leib erlebt haben. Einem Marokkaner oder einer Frau aus Pakistan geht es da ohne Zweifel genauso. Sie werden sich freuen, vorausgesetzt, man kennt sich bereits etwas. Als Christen können wir durch einen Besuch Interesse am Wohlergehen zeigen und anbieten, für den Patienten im Namen Jesu zu beten. Dies wird kaum einmal abgelehnt. Im Krankenhaus werden Muslime von ihren Verwandten selten alleine gelassen. Deshalb werden wir im Krankenzimmer gleich mehrere Muslime vor uns haben. Das sollte uns nicht einschüchtern. Nur dürfen wir uns nicht zu viel Offenheit für christliche Inhalte versprechen. Denn in einer Schamkultur wird selbst ein Interessierter kaum vor anderen seine Offenheit und seine Fragen zugeben können. Das geschieht dann meist anschließend unter vier Augen. Vielleicht fragen Sie sich, was Sie als Geschenk mitbringen können? Dass wir kommen, wird wertgeschätzt – auch ohne Geschenk! Aber Obst oder Fruchtsaft, wenn die kranke Person essen oder trinken darf, sind sicher ein gutes Mitbringsel.

Darüber hinaus bieten sich weitere Kontaktmöglichkeiten, die wir nutzen können. Spreche ich als Mann mit einem einzelnen Mann, wird mein Gegenüber bereitwilliger das sagen, was er denkt. Sobald zwei oder mehr zusammen sind, passen sie sich gerne der Meinung des Älteren an. Zu beachten ist auch, dass es bei Orientalen zum Takt gehört, einem Fremden nicht unfreundlich zu antworten. Das heißt dass man gerne etwas schön redet, mit der ganzen Wahrheit zurückhält und dem andern kein Nein zumuten will.

c. Gastfreundschaft

Abraham bot spontan drei Männern Gastfreundschaft an und wusste nicht, dass er Gott den Tisch deckte. Gott kam sozusagen inkognito. „Gastfrei zu sein vergesst nicht, denn dadurch haben einige ohne ihr Wissen Engel beherbergt" (Hebr 13,2). Ohne Zweifel: In Gastfreundschaft liegt ein

Geheimnis. Wir sind so beschäftigt, dass kaum noch Zeit für spontanes Zusammensein und Zuwendung bleibt. Von vielen Orientalen können wir uns gerade bei diesem Thema einiges abschauen. Lassen Sie sich einladen und laden Sie ein!

Die türkische Gastfreundschaft ist sprichwörtlich geworden: „Die Füße des Gastes bringen Glück"; „Du kommst als Fremder und gehst als Freund". In der Schilderung des Endgerichts identifiziert sich Jesus sogar selber mit den Fremden, die auf Gastfreundschaft angewiesen sind: „Ich war ein Fremder, und ihr habt mich aufgenommen" (Mt 25,35). Wenn wir unsere Türen für Migranten öffnen und ihnen mit Freundlichkeit begegnen, kann das für viele von ihnen so etwas bedeuten wie ein Schutz vor dem kalten Wind der Ablehnung, den sie immer noch zu spüren bekommen. Was hindert Sie, die Gastfreundschaft (wieder) aufleben zu lassen?

Eigene Freunde einzuladen, zu bewirten, Zeit mit ihnen zu verbringen, fällt uns in der Regel leicht. Was hält uns ab, auch Fremde beziehungsweise Migranten einzuladen? Uns ist bekannt, wie sich manche Neubürger danach sehnen, von Deutschen einmal in ihre Wohnung eingeladen zu werden. Jedes Jahr schreiben sich aufs Neue Studierende aus der ganzen Welt an deutschen Hochschulen ein. Sie können bei Deutschen in der Regel leider nicht mit Gastfreundschaft rechnen. Dahinter stehen traurige Erfahrungen. Gott fordert uns auf: „Seid gastfreundlich!"

Doch wenn wir Orientalen einladen, dann möchten sie oft, dass wir sie zuerst besuchen. Diese Einladung sollten wir dankbar annehmen. Wenn wir Orientalen besuchen, ehren wir sie. Wir bringen damit zum Ausdruck: Du bist mir wichtig. Durch aufmerksames Beobachten finden wir uns zurecht, oder wir lassen uns erklären, was wir nicht kennen. Wenn ein Migrant Ihre Einladung ablehnt, so kann das eine Geste seiner Höflichkeit sein und bedeuten: ‚Ich kann doch nicht sofort zusagen. Aber eigentlich habe ich nichts gegen Sie. Ihre zweite oder dritte Einladung nehme ich an.‘ Eine wiederholte Einladung zeigt ihm: Ich meine es wirklich ernst mit meiner Einladung.

Nicht perfekte Vorbereitung und Organisation sind Orientalen wichtig, sondern die Beziehung. Da die Redewendung „Inschallah" (wenn Gott will) zur orientalischen Mentalität gehört, tut eine gewisse Spontaneität im Umgang gut. Pünktlichkeit hat keinen so hohen Stellenwert. Eine Verabredung wird nicht so verbindlich angesehen wie bei uns. Wenn Orientalen selber Besuch bekommen, müssen sie selbstverständlich für ihre Gäste da sein, auch wenn diese unangemeldet und völlig „unpassend" auftauchen. Jede andere Verabredung ist dann hinfällig. – „Inschallah" kann auch bedeuten: Gott mag wollen, aber ich nicht. Es ist somit eine „nette" und indirekte Art, „Nein" zu sagen, um den andern nicht zu verletzen.

Orientalen tun sich leichter, wenn wir bei ihnen einen Besuch machen. Wenn der Besuch bei uns stattfindet, haben manche Angst, etwas Unreines vorgesetzt zu bekommen, oder sie fühlen sich einfach unwohl. In der Regel zieht man in der islamischen Welt beim Betreten der Wohnung die Schuhe aus. Bei der Begrüßung geben Männer Männern die Hand und Frauen den Frauen den Wangenkuss. Männer grüßen fremde Frauen mit einem Kopfnicken. In religiösen Familien kann es üblich sein, dass ein Mann einer fremden Frau bei der Begrüßung nicht ins Gesicht schaut, was ein Ausdruck von Achtung und Respekt ist. Das gilt auch umgekehrt für die Frauen, die den Männern nicht in die Augen schauen. Direkter Augenkontakt kann als sexuelles Interesse verstanden werden. Natürlich haben sich viele, die schon länger in Europa sind, den hiesigen Verhältnissen angepasst.

d. Muslimischen Frauen begegnen

Durch die starke Geschlechtertrennung im Islam ist es sehr ratsam, wenn Frauen mit Frauen in Kontakt treten. Wenn ein Mann einen orientalischen Mann besuchen möchte, dieser aber nicht zu Hause ist, sollte er auf keinen Fall die Wohnung betreten, auch nicht nach Aufforderung der Ehefrau. Das würde die orientalische Frau in ein falsches Licht rücken. Das gleiche gilt natürlich, wenn die Frau nicht zu Hause ist: Dann sollte man als Frau nicht die Wohnung der Familie betreten.

Da es so viele Unterschiede gibt, kann nicht gesagt werden, wie türkische, syrische, iranische oder tunesische Frauen sind. Fest steht, sie sind gar nicht so anders als wir. Wie wir sehnen sie sich nach Liebe, Wertschätzung und Anerkennung. Wie wir können sie sich ärgern, sich freuen, lachen, weinen. Sie sehnen sich nach dem richtigen Partner, möchten eine gute Ausbildung und Arbeit, Hilfe von ihren Männern – wie wir. Wer als Christin versucht, muslimischen Frauen eine Freundin zu sein, wird sie liebgewinnen. Dabei ist es wichtig, sie zu verstehen und ihnen mit Rat und Tat zur Seite zu stehen. Nebenbei können wir viel von ihnen lernen.

Die Frauen unterhalten sich gerne über die alltäglichen Dinge wie Einkaufen, Kochen, Kinder, Männer, Arbeit. Wenn sie über ihre Schwierigkeiten sprechen, kann die Christin mit ihnen beten. Die Sehnsucht, über geistliche Dinge zu sprechen, muss oftmals erst wachsen durch Fragen, Rätsel, Geschichten ... Vordergründig bewegen sie Fragen um die Zukunft: „Werden wir hier bleiben können oder zurückreisen?" Sie machen sich Gedanken über die Entwicklung ihrer Kinder. Wie geht es wohl ihren Verwandten im Herkunftsland? Ihnen macht die schwierige finanzielle Situation zu schaffen. Dazu kommen Überlegungen, wie sie sich vor negativen Einflüssen durch diese Gesellschaft schützen können. Bei all dem sind ihnen Gäste wichtig. Sie bestimmen ihren Alltag, sie scheinen fast immer Gäste zu haben und fürchten das Alleinsein.

Wie nehmen wir muslimische Frauen wahr? Als unterdrückte Randfiguren? Es gibt junge Frauen, die hier sehr selbständig leben, die aber trotzdem dem Druck der Familie nicht ausweichen konnten und Partner geheiratet haben, die für sie ausgesucht wurden. Zwangsheirat kommt vor, doch längst nicht alle Frauen werden unterdrückt. Auch wenn in der Öffentlichkeit die Frauen „einen Schritt hinter dem Mann" gehen, haben sie vielleicht zu Hause „die Hosen an". Viele Frauen engagieren sich für ihre Kinder, für ihre Ehen, für ihre Rechte (zum Beispiel bei Ämtern und Ärzten). Es gibt auch Frauen, die resignieren und sich für wertlos halten. Selbst wenn eine Frau wenig Schulbildung bekommen hat, sagt das nichts über ihre Intelligenz aus. Manche Frau hat in ihrer Heimat studiert oder promoviert. Vor allem junge Muslimas legen großen Wert auf ein gepflegtes und schickes Äußeres. Sie sollten sehen, wie modisch sie an Hochzeiten gekleidet sind!

Lernen können wir von der Gastfreundschaft muslimischer Frauen. Gerne verwöhnen sie ihre Gäste mit Essen. Dabei sind sie herzlich und vermitteln ihnen, willkommen und angenommen zu sein. Menschen und Beziehungen stehen bei ihnen im Mittelpunkt. Da Familie eine größere Rolle spielt als bei uns, ist es für sie auch viel selbstverständlicher und erwünschter, Kinder zu bekommen. Während westliche Frauen kaum über ihren Glauben sprechen, haben Muslimas eine viel natürlichere, unverkrampftere Haltung dazu. Dabei scheint für sie klar zu sein, dass die Bibel gefälscht wurde, dass Christen drei Götter anbeten, dass Allah keinen Sohn haben kann und dass Jesus nie gekreuzigt wurde. Nicht sofortige Richtigstellung ist gefragt, vielmehr Zuhören, Verstehen und Bezeugen, was Jesus für mich bedeutet und warum sein Opfer Auswirkungen auf mein Leben hat.

Während viele Muslimas in Deutschland nicht als Deutsche angesehen und anerkannt werden, entfremden sie sich auch von ihren Herkunftsländern. Sie leben in einer Welt „dazwischen" – eine Zerreißprobe. Viele fühlen sich heimatlos. So empfinden viele den Islam als Schutz, als Anker und Halt. Sie tragen bewusst das Kopftuch, das Religion und auch Politik widerspiegelt. Wen wundert es, wenn sie uns kritisieren und besonders unsere „Moral" ablehnen? In der Regel können sie nicht zwischen wahren Christen und solchen, die nur dem Namen nach Christen sind, unterscheiden. Wo begegnen sie echten Christen? Aber sollte all dies uns davon abhalten, auch Muslimas in Liebe und mit Respekt zu begegnen?

Beginnen Sie mit Gebet. Bitten Sie Gott um Leitung im Reden und Tun. Gerade weil diese Menschen kulturell und religiös ganz anders geprägt sind als Sie, brauchen auch Sie selbst Gottes Hilfe. Manches wird Ihnen begegnen, das Ihnen fremd, eigenartig oder gar kritikwürdig erscheint. Bedenken Sie: Was mag diese Person schon an Zurechtweisung erlebt haben? Es mag sein, dass Sie zunächst zurückhaltend und kritisch behandelt werden. Für den richtigen Umgang ist deshalb viel Geduld, Takt und Respekt nötig. Doch die Begegnungen werden Ihr Leben interessant und spannend machen! Deshalb: keine Angst! Schenken Sie diesen Frauen Ihre Aufmerksamkeit und unterhalten Sie sich mit ihnen. Liebe ist und bleibt der Schlüssel zu ihren Herzen. Buchtipp: Schirrmacher, 2002 und Kelek, 2006.

e. Muslimische Männer verstehen

Familie, Verwandtschaft, regionale und religiöse Gruppenzugehörigkeit besitzen einen in ihrem Ausmaß für westliches Empfinden kaum nachzuvollziehenden Einfluss auf

Werdegang, Prägung und Einzelentscheidungen des Mannes. Weil jeder Mensch eine eigenständige Person ist, wird allerdings keine Aussage unterschiedslos auf alle Männer zutreffen. Ohnehin handelt es sich hier vor allem um Erfahrungen mit türkischen Männern. Doch sicherlich wird das auch für Männer aus anderen islamischen Gesellschaften ähnlich sein. Was sind die Erwartungen der türkischen Gesellschaft an einen „vollwertigen" Mann?

Die erwarteten Charaktermerkmale eines Mannes sind: Mut, Ehrbewusstsein, Stolz, Durchsetzungsfähigkeit, Selbstkontrolle, Großzügigkeit, Gastfreundschaft und Hilfsbereitschaft. Als Mann sollte er nicht allzu zurückhaltend, demütig, leise, feminin, geizig oder schwatzhaft sein.

Der türkische, selbstbewusst auftretende Mann muss ständig unterschwellig demonstrieren, dass er bereit und dazu in der Lage ist, seine eigene Ehre, die seiner Familie und die seines Vaterlandes oder seiner Religion zu verteidigen. So soll ein Mann dem Blick seines Gegenübers standhalten, sich laut und deutlich artikulieren und bei Konfrontationen nicht vorschnell zurückweichen. Während er Älteren und Höhergestellten gegenüber respektvoll auftritt, sollte er auf dem Respekt Jüngerer und Niedriggestellter bestehen. Abgesehen von engen Verwandten sollte er Frauen mit Zurückhaltung begegnen. Sein gewöhnlicher Umgang außer Haus sollte sich weitgehend auf Männer beschränken.

Erwartet wird, dass ein Mann regelmäßig einer Tätigkeit außer Haus nachgeht. Längere Zeit untätig zu Hause im Kreis seiner weiblichen Familienmitglieder zu sitzen, wird als inakzeptabel angesehen. Selbstverständlich ist, dass er seine Familie materiell versorgt, auch wenn es nicht selten der Fall ist, dass die Frau das Geld für die ganze Familie verdienen muss. Ein gewisser Wohlstand wird sein Ansehen steigern. Gleichzeitig sollte er unter Verwandten und Freunden immer wieder seine Großzügigkeit und Hilfsbereitschaft unter Beweis stellen. Verweigerung materieller Hilfe oder allgemeine Kleinkariertheit bringen einen Mann hingegen in Verruf.

Ein Mann muss sich in erster Linie seiner Familie, dann seiner Verwandtschaft sowie der eigenen regionalen und religiösen Gruppe gegenüber absolut loyal verhalten. Verwandtschaftliche Verpflichtungen und erbetene Hilfeleistungen sind unbedingt so zu erfüllen, dass der Mann nicht in die Schuld seiner Verwandten gerät. Zumindest nach außen muss er seiner religiösen Gruppe treu bleiben. Das macht es für ihn zum Beispiel schwer, den Islam zu verlassen und Christ zu werden. Aber es ist nicht unmöglich! Manche erleben durch Wunder und Träume eine besondere Kraft, diesem gesellschaftlichen Druck entgegen Christ zu werden. Prinzipiell sind wichtige Entscheidungen nicht eigenmächtig, sondern in enger Abstimmung mit den Eltern, Onkeln, älteren Brüdern usw. zu treffen.

Daraus ergeben sich Schwierigkeiten für den orientalischen Mann, der in Deutschland weiterhin den Erwartungen der türkischen Gesellschaft zu entsprechen sucht:

- Von resoluten Frauen in deutschen Amtsstuben fühlt er sich herabgesetzt.
- Um seine Autorität innerhalb der Familie durchzusetzen, hält er die Anwendung von körperlicher Gewalt manchmal für notwendig, sieht sich aber dann mit der Polizei konfrontiert und weiß deshalb nicht, was er in solchen Fällen tun soll.
- Der sehr freizügige Umgang unter den Geschlechtern in der deutschen Gesellschaft erschwert die Aufgabe des Mannes, die Ehre seiner Frau und seiner Töchter oder Schwestern so zu wahren, dass er seinem eigenen und dem Anspruch der Großfamilie genügt.

- Von Arbeitslosigkeit überproportional betroffen steht er vor der Frage, was er mit seiner freien Zeit anfangen soll und landet manchmal in der Monotonie eines der zahlreichen Kaffeehäuser.
- Die Ablehnung, die er von Seiten der Deutschen häufig erlebt, die Arbeitslosigkeit und materielle Knappheit, die zu sinkendem Ansehen auch innerhalb der türkischen Gesellschaft führen, unterminieren den Stolz und die Selbstachtung des türkischen Mannes.

Aber es gibt für den Mann seine Ehre aufwertende Gegenstände, wie Trendkleidung, teure Smartphones, Nobelkarossen usw. Wir sehen, die Herausforderungen eines Lebens in zwei Kulturen sind groß.

Als christliche Männer können wir Muslimen besondere Beachtung schenken, sie ernst nehmen, zum Sport oder Grillen einladen. Natürlich ohne Schweinefleisch! Ihnen dabei einige Aufgaben zu übertragen, stärkt ihr Selbstbewusstsein und ihren Selbstwert. Das kommt gut an. Buchtipp: Kelek, 2011.

f. Muslimische Kinder und Jugendliche

Kinder, besonders auch muslimische Kinder, spielen gerne auf öffentlichen Spielplätzen. Eine Gruppe von Christen aus der Nachbarschaft kann für diese Kinder regelmäßig ein Programm anbieten. Die Eltern werden informiert, welche Beschäftigungen wir als Christen planen. Dann kann zu einer bestimmten Uhrzeit auch eine „Tank"-Pause eingelegt werden, bei der die Kinder belegte Brote – keine Produkte vom Schwein – und Getränke erhalten, nachdem die Mitarbeiter vorher für das Essen im Namen von Jesus gedankt haben. Wenn Muslime nachfragen, können Mitarbeiter erklären, dass sie selbstverständlich als Christen vor dem Essen beten, und Gott danken. Dies wird meist völlig akzeptiert. Die muslimischen Eltern wollen nur nicht, dass ihren Kindern etwas übergestülpt wird.

Wir können manchmal nicht verhindern, dass muslimische Kinder, die in jüngeren Jahren voller Begeisterung an christlichen Kindergruppen teilgenommen haben, später abspringen. Wenn sie älter werden und von Verwandten oder Moscheegruppen gegen Christen aufgebracht werden, dann beginnen sie bei christlichen Aussagen zu widersprechen oder kommen einfach nicht mehr. Als christliche Leiter solcher Gruppen können wir muslimischen Kindern bereits im Vorfeld etwas helfen, indem wir sie auf solche kommenden Konflikte vorbereiten. Es geht um die Wahrheit. Es geht um Glaubensfreiheit. Es geht um Loyalität zur Familie. Aber nicht immer hat die Mehrheit Recht, nicht immer die Familie. Natürlich dürfen wir die Kinder niemals gegen ihre Eltern aufstacheln oder deren Autorität untergraben, aber wir sollten ihnen helfen, Lügen über den christlichen Glauben nicht einfach unkritisch zu glauben. Hier und da ein Hinweis, dass manche Menschen eine andere Auffassung vom Glauben zum Beispiel über den Sohn Gottes, die Dreieinigkeit und die Errettung haben, kann nützlich sein. Dabei können wir so nebenbei gute Argumente anführen, die dem Kind später helfen.

Mit der Kinder-Evangelisations-Bewegung zusammen hat der Orientdienst eine sowohl theoretische als auch praktische Hilfe für die Arbeit in christlichen Gruppen herausgegeben: (Orientdienst, 2012). Hintergründe zu Religion und kulturpraktische Hilfen für die Begegnung.

In Auszügen finden Sie dies auch auf der Internetseite des Orientdienstes.[6/7/8]

g. Erziehungsziele in türkischen Familien

Das deutsche Bundesministerium für Familie, Senioren, Frauen und Jugend[9] hat im Jahr 2008 folgende Expertisen herausgebracht: „Religiöse Werteerziehung in islamischen Familien" und „Muslimische Familien in Deutschland". Darin werden unter anderem wichtige Erziehungsziele in türkischen Familien wie folgt beschrieben: Respekt vor Autoritäten, Erziehung zur Ehrenhaftigkeit, zur Zusammengehörigkeit, zum Lernen und Leistungsstreben. Dagegen wird Erziehung zur Selbstständigkeit kaum gefördert. Kinder können im Kleinkindalter sehr behütet und sorgenfrei aufwachsen, sie werden viel mehr verwöhnt als deutsche Kinder und ihnen werden selten Grenzen gesetzt. Dies führt oft zu Konflikten in der Kita oder Schule. Gerade Jungen erfahren auch später nur wenige Grenzen, was dazu führt, dass sie außerhalb der Familie nur wenige Autoritäten anerkennen.

Muslimischen Familien erscheint es naheliegend, ihren Kindern eine islamische Erziehung zu ermöglichen: In Wien hat Mohammed Ismail Suk einen islamischen Kindergarten gegründet. Dort sollen 300 muslimische Kinder im Lesen und Rechnen gefördert werden, zur Förderung ihres Selbstbewusstseins. Vom Netzwerk des türkischen „Fethullah Gülen" werden islamische Kindergärten und Schulen auch in Deutschland, Österreich und der Schweiz betrieben. Gülen fördert die Re-Islamisierung der türkischen Bevölkerung.

Medientipps (von islamischer und staatlicher Seite):

- youtube: Mit der Suchwortkombination „children islam english", lassen sich Videoclips finden, die Kindern den Islam nahe bringen wollen.
- Info-Seiten über Fethullah Gülen und seine weltweite Bewegung[10/11/12]
- Originalquellen über islamische Kindererziehung, u.a. Bücherverleih für Kinder[13]
- Bundesministerium für Bildung und Forschung – Der

Bildungsbericht zeigt unter anderem, dass die Kultusminister auf frühkindliche Bildung, Betreuung und Erziehung Wert legen.[14]

h. Muslimische Studenten

Jedes Jahr verlassen Tausende junger Muslime ihre Heimat, um in der Fremde zu studieren. Für viele von ihnen ist es die erste Gelegenheit, sich mit Christen anzufreunden und die Nachricht von der Liebe Gottes zu hören. Die meisten möchten die neue Kultur und die Menschen in ihrem Gastland kennenlernen. Wenn sie dabei liebevolle Freundschaften erleben, kann ihnen das helfen, auch den christlichen Glauben kennenzulernen. Wir können deshalb die großartige Möglichkeit nutzen, Freundschaften mit muslimischen Studenten zu pflegen. Unverzichtbare Voraussetzung ist auch hier das Gebet.

Wir versuchen herauszufinden, was unsere Freunde brauchen, um zu entspannen oder ihr Heimweh zu überwinden. Vielleicht sind sie dankbar für ein Angebot der Hilfe beim Studium oder bei Behördengängen. Wir können bei Krankheit oder anderen Problemen anbieten, für sie zu beten. Die Erhörung solcher Gebete macht Menschen oft neugierig im Blick auf Jesus. Wir laden unsere muslimischen Freunde ein oder überraschen sie zu ihrem Geburtstag mit einer Party. Dann sind wir auch bei ihren Feiern gern gesehene Gäste. Wir lernen ihre Kultur und ihre Freunde kennen und können unsere Beziehungen vertiefen. Wer selbst als Tourist islamische Länder bereist hat und dort Fremder war, wird sicher sensibler sein im Umgang mit Fremden hier.

Wir behandeln unsere muslimischen Freunde immer respektvoll und lernen ihre Sicht der Dinge kennen. Wir vermeiden es, krampfhaft über unseren Glauben zu reden. Wir erzählen aber von dem, was wir mit Gott erlebt haben.

Wir teilen unser Leben mit ihnen: Segen und Freude, die Herausforderungen und Antworten auf Gebet. Muslime sehnen sich nach „echtem Glauben". Wir stellen nicht den Islam oder Mohammed in Frage, sondern zeigen ihnen, wer Jesus ist und was er getan hat. Wir erzählen, wie Gott durch die Bibel zu uns spricht oder studieren gemeinsam die Bibel. Wir informieren uns, welche Bücher oder Geschichten besonders für den Anfang geeignet sind. Muslime glauben, dass die Bibel von Gott kam, aber verfälscht wurde. Doch die Verheißung, dass Gottes Wort nicht leer zurückkommt, gilt auch für sie. Wir holen uns Rat von Menschen, die schon länger mit Muslimen arbeiten und sie im Glauben begleiten.

(Quelle: Text gekürzt und bearbeitet aus „30 Tage Gebet für die islamische Welt", Ausgabe 2014, S. 22f, mit freundlicher Erlaubnis der Herausgeber.)

i. Flüchtlingen begegnen

Seit 2014/2015 suchen wieder deutlich mehr Flüchtlinge Zuflucht in Deutschland, viele leben bereits hier. Mittlerweile gibt es selbst in kleineren Orten Asylbewerber. Ihr Zustand kann mit einem Wort beschrieben werden: entwurzelt. Sie brauchen Asyl, weil sie wegen ihres Glaubens, wegen politischer oder wirtschaftlicher Konflikte ihre Heimat verlassen haben oder vertrieben worden sind. Christen sollten sie nicht ignorieren. Sie sollten in der Begegnung mit Flüchtlingen, trotz mancher Schwierigkeiten, viele Chancen für praktische Hilfen und für die Weitergabe der „Guten Nachricht" sehen. Jesus Christus weiß, wie es Fremden zumute ist, er identifiziert sich mit ihnen: „Ich war fremd und ihr habt mich bei euch aufgenommen" (Mt 25,35).

Wie wäre es, wenn Sie in einem fremden Land um Asyl bitten müssten? Worüber würden Sie sich freuen? – Die fremde Sprache, das fremde Aussehen, die fremde Kultur – all das braucht keine Schranke für menschliches Anteilnehmen zu sein.

Zu den größten Herausforderungen für Asylbewerber zählen Kulturschock, Einsamkeit, Entwurzelung, das Gefühl der Nutzlosigkeit und Langeweile. Deshalb freuen sich viele über Besuch. Zu Beginn ist die sprachliche Verständigung eine Hürde. Doch um eine vertrauensvolle Beziehung aufzubauen, genügen Freundlichkeit, Zeichensprache, einen Kaffee oder Tee miteinander zu trinken. Oft spricht ein Familienangehöriger oder Nachbar etwas Englisch oder Deutsch und schaltet sich als Übersetzer ein. Wer jemanden kennt, der mit der Sprache und der Kultur vertraut ist, sollte dessen Rat und Hinweise in Anspruch nehmen. Solch ein „cultural guide" hilft, grobe Fehler zu vermeiden.

In vielen Orten wird ein sogenannter „Runder Tisch" oder „Arbeitskreis Asyl" gebildet, an dem sich auch Kirchen und Gemeinden beteiligen bzw. beteiligen könnten. Hier können sich Christen in verschiedenen Bereichen einbringen und mit einzelnen Asylbewerbern in Kontakt kommen. Wer Asylbewerber besucht, sollte sich bei der Heimleitung oder dem betreffenden Sozialarbeiter vorstellen. Meist ist es möglich, christliche Kalender oder DVDs in den Sprachen der Bewohner anzubieten. Es können Deutschkurse begonnen, Kinderprogramme, Bastelkreise, Fußballspiele organisiert werden. Christen könnten auch ein Fest im Asylheim organisieren oder zu sich in die Gemeinderäumlichkeiten einladen und dabei Asylbewerber mitwirken lassen, wie zum Beispiel mit einem landestypischen Essen.

Asylsuchende freuen sich über Abwechslung. In einer mittelgroßen Stadt haben Christen aus verschiedenen Gemeinden zu einem „Nachmittag der Gastfreundschaft" eingeladen. Da war einiges zu organisieren, ein Fahrdienst einzurichten, Kuchen zu backen, der Raum zu dekorieren. Nach einem gemeinsamen Essen kann zum Beispiel der Jesus-Film bzw. ein Ausschnitt daraus gezeigt werden, jemand kann einen Bibelvers erklären. Christliche Literatur kann kostenlos oder zum Kauf angeboten werden.

Gerade im Bereich Asyl können Christen neue Ideen entwickeln. Zum Beispiel kann eine Familie einen Asylsuchenden „adoptieren" und ihn ab und zu zum Essen, zum Brunch einladen oder ihn gar in ihre Wohnung aufnehmen. Die Asylunterkünfte sind manchmal sehr überlaufen, und selbst die Stadtverwaltungen suchen händeringend nach Unterbringungsmöglichkeiten. Ein Mietanteil wird ggfs. von städtischer Seite aus bezahlt. Asylbewerber sind in der Regel dankbar, wenn wir ihnen helfen.

Schnell wird einem Besucher bei Asylbewerbern deren Mangel bewusst. Wie können und sollen wir helfen? (Vgl. dazu den folgenden Abschnitt: j. Soziale Hilfe – Möglichkeiten und Grenzen.)

Im Kontakt mit Asylsuchenden können Sie an Grenzen kommen, sich ausgenutzt fühlen, wenn es nur um Materielles geht. Geistliches Interesse kann nicht erzwungen werden. Geflohene Christen aus muslimischen Ländern sind in den Heimen manchmal wieder von Muslimen umgeben. Diese Christen freuen sich bestimmt über Besuche. Interesse an geistlichen Fragen bei Asylbewerbern kann aber auch vorgetäuscht werden: Da sucht jemand eigentlich eine deutsche Ehefrau, oder jemand interessiert sich für den christlichen Glauben, möchte sich sogar taufen lassen, weil dies für sein Anerkennungsverfahren vermeintlich ein Vorteil sein könnte. Aus der Bibel kennen wir bereits Situationen von Glaubensvätern, die auf dem Weg in ein anderes Land aus Angst Halbwahrheiten beziehungsweise Lügen äußerten. Negative Einzelbeispiele sollten uns aber nicht davon abhalten, Flüchtlingen entgegen zu kommen, sie willkommen zu heißen, ihnen zu dienen, weil Gott uns geliebt und uns gedient hat.

Medientipps:
- „Flüchtlinge willkommen heißen – ein Praxisheft für Christen", herausgegeben von AMIN und Orientdienst, Download[15]. Arbeitskreis Migration & Integration der Deutschen Evangelischen Allianz[16]
- „Praxishilfe für Gemeinden – Flüchtlinge willkommen heißen/begleiten/beteiligen" der Diakonie Pfalz[17]
- „Flüchtlinge willkommen heißen, begleiten und beteiligen" – Handreichung für Kirchengemeinden, von der Diakonie Württemberg, PDF[18]

j. Soziale Hilfe – Möglichkeiten und Grenzen

Obwohl manche nach sozialer Hilfe fragen, ist es nicht immer gut, sich zu sehr darin zu investieren. Unsere Hilfe ist ganzheitlich, was aber nicht heißt, dass wir auf alle Wünsche eingehen können und sollten. Wichtig ist es, nicht geradlinig Anfragen abzulehnen; das wäre von der orientalischen Kultur her verletzend. Das Wort NEIN sollten Sie vermeiden. Sie können immer sagen, Sie nehmen besagtes Anliegen ernst und beten dafür. Das können Sie auch ruhig in Gegenwart der betroffenen Person tun. Diese ist meist völlig erstaunt, dass Sie ohne rituelle Reinigung auf vertrauensvolle Weise mit dem lebendigen Gott so konkret reden können.

Hilft Geld wirklich? Wenn wir finanzielle Hilfe anbieten, ist das meist demütigend für den Empfänger. Andere hören davon und werden neidisch. Es entsteht Unfrieden. Wieder andere vermuten, dass wir Muslime mit Geld zum christlichen Glauben bekehren wollen. Deshalb sollte grundsätzlich kein Geld weitergegeben werden. In der Entscheidung, wie praktische Hilfe aussehen soll, ist Gebet eine Hilfe: „Wie kann ich wirklich helfen? Gibt es einen anderen Weg?" Sie können Bedürftige zum Beispiel auf den Flohmarkt oder den Second-Hand-Laden aufmerksam machen. Sie können vielleicht die betreffende Person beraten, wie mit kleinem Einkommen besser auszukommen ist. Es ist gut, sich eine Liste von Anlaufstellen zu machen, auf die wir Bedürftige aufmerksam machen können, wie Essens-, Kleider- und Möbelausgabestellen, offenes WLAN, gemeinnützige Cafés, Schuldnerberatung etc.

Die mitmenschliche Zuwendung unsererseits ist wichtig – auch deshalb, weil sich perspektivlose junge Menschen leicht von Islamisten werben lassen. Wer von uns vermittelt jungen Menschen: „Du, so jemanden wie dich könnte ich gut brauchen."? Christen kennen doch viele sinnvolle Betätigungsfelder in der Gemeinde. Die Islamwissenschaftlerin Christine Schirrmacher empfiehlt: „Um der zunehmenden Gefahr der Radikalisierung von Muslimen zu begegnen, müssen wir wirksame Ansätze entwickeln – zum Beispiel in Kindergärten, Schulen und Sportvereinen – um die Sensibilität für Migranten zu verstärken. Viele von ihnen suchen oft lange vergeblich ihren sozialen Platz und ihre gesellschaftliche Anerkennung in der Mitte der Gesellschaft. Appelle werden nicht zum Ziel führen."[19]

Weil Christen die unverdiente Zuneigung Gottes erleben, sind gerade sie prädestiniert, auf Menschen zuzugehen, die sich als ungeliebt und isoliert empfinden. Da spielt es keine entscheidende Rolle, ob diese Isolation durch eigenes Verschulden entstanden ist oder nicht. Sich zu vereinsamten und desillusionierten Muslimen mitten unter uns zu setzen und ihnen menschliche Zuwendung zu schenken, ist bereits ein Bezeugen des Evangeliums durch die Tat. Möglicherweise ist es eine Hilfe zum ersten Schritt aus der Isolation. In diesem Sinne haben Christen eine höchst integrative Aufgabe und auch eine Befähigung dazu.

k. Konfliktbewältigung bei Türken

Wie sehen Konfliktlösungsmöglichkeiten mit Türken und Orientalen im Allgemeinen aus? Immer wieder merken wir in den Begegnungen mit Türken, dass es „knistert". Wir verstehen nicht, wie der andere „funktioniert". Oft können wir Konflikte mit Migranten nicht so lösen, wie es unter Deutschen üblich ist. Der Gesichtsverlust spielt eine große Rolle. Deshalb werden hier Konflikte eher indirekt gelöst.

Als Christen greifen wir zu schnell auf die Anweisung in Matthäus 18,15-17 zurück, die eine direkte Konfrontation mit dem fordert, der sich versündigt hat. Bei Türken ist es gut, zuerst einmal den indirekten Weg der Zurechtweisung zu gehen, der es ermöglicht, eine Sache ohne Gesichtsverlust zu bereinigen. In der Bibel finden wir dazu Parallelen.

Die Bedeutung der Scham

In der türkischen Sprache gibt es das Wort „ayip", was so viel heißt wie „schandbar" oder „Schäm dich!" Das ist das Schlimmste, was man zu einer Person sagen kann. Oft wird es von Eltern ihren Kindern gegenüber als Erziehungsmethode verwendet. Türken legen großen Wert darauf, sich gegenseitig anzuerkennen und zu ehren. Deshalb ist es ihnen wichtig, jeden Einzelnen in der Gruppe mit Handschlag zu begrüßen. Selbst türkische Schüler in Deutschland geben sich gegenseitig die Hand zur Begrüßung. Das Gesicht zu wahren ist für Türken ein äußerst wichtiges Element ihres Selbstwertes.

Es ist durchaus legitim, in einer Gruppe allgemein über ein Problem zu sprechen, ohne die Person direkt beim Namen zu nennen, die sich etwas zuschulden kommen ließ.

Ein Gast darf tun, was er will. Korrektur würde diesen beschämen und als ungehörig empfunden. So dürfen besuchende Kinder das Haus des Gastgebers auf den Kopf stellen, ohne dass er einschreitet. Ja, er beschwichtigt sogar die Eltern des Kindes, obwohl er vielleicht innerlich ärgerlich ist, weil das betreffende Kind etwas zerbrochen hat. Eine Möglichkeit der Vorbeugung ist es, wertvolle und zerbrechliche Gegenstände vorher zu entfernen und den Besuch auf ein Zimmer zu beschränken, was sowieso üblich ist.

Geschichten, Sprichwörter, Gleichnisse
In der Bibel haben wir im Buch „Sprüche" einen Beobachtungs- und Erfahrungsschatz zur Bewältigung unseres Lebens. Jesus selbst hat eine Menge an Gleichnisgeschichten erzählt. Er konfrontierte die Pharisäer unter anderem auf indirekte Weise mit einer Beispielgeschichte, um ihnen die Umkehr von Stolz und Hochmut zu ermöglichen (Lk 18,10-14). Unter Türken werden weniger Geschichten, sondern eher Sprichwörter verwendet, um auf eine Sache hinzuweisen. Diese Sprichwörter zu lernen und richtig anzuwenden, kann eine große Hilfe sein. Um zum Beispiel gegen Neid vorzugehen, kann man Folgendes sagen: „Das Huhn des Nachbarn erscheint dem Nachbarn wie eine Gans" („komschunun tavuu, komschuna kas görünür"). Oder in Deutsch: „Die Kirschen in Nachbars Garten sind immer die süßesten!"

Hilfe in Anspruch nehmen
Eine weitere Methode der Korrektur ist es, anderen die Möglichkeit zu bieten, uns zu helfen. So erzählt eine junge türkische Christin von einem Mann, der sich vermutlich auf eine uneheliche Beziehung eingelassen hatte. Um ihn zu korrigieren, spricht sie mit ihm auf Umwegen (türk.: „dolayle") folgendermaßen: „Ich habe einen Bekannten, der hat ein Problem. Was denkst du darüber? Er ist ein Türke und hat Jesus angenommen, aber es gibt noch Gebiete, auf denen er wachsen muss." Dann erzählt sie ihm

von seiner Situation und fragt, was er dazu sagt. Natürlich zitiert der Betroffene dann die richtigen Bibelverse und sagt, dass sich das nicht gehört. Er weiß aber nicht, ob die junge Frau ihn ertappt hat oder nicht. Auf jeden Fall ist es für ihn ein Hinweis.

Die Frau gibt sich hilfsbedürftig. Hätte sich der Betroffene zornig von ihr abgewandt, hätte sie sich trotzdem weiter um ihn gekümmert. Das wird erwartet. Sie hätte dann gesagt: „Wir sind Freunde, aber ein echter Freund sagt die Wahrheit, auch wenn sie weh tut" („dost adsche söyler").

Sie erzählt weiter von einer westlichen Familie, die sie besucht hatte. Die Gastgeberin sagte ihr, nachdem ein Vogel im Käfig ihre Aufmerksamkeit erregt hatte: „Fass den Vogel nicht an!" Das hat sie so stark verletzt, dass sie nicht mehr zu der Familie hingehen wollte. Besser wäre folgende Korrektur gewesen: „Ich möchte eigentlich nicht, dass der Vogel frei herumfliegt." Worte wie „Du" und „Nein" in der Korrektur sollten nicht verwendet werden, um die Person nicht zu verletzen. Denn Türken tun sich schwerer als Deutsche, die Sache von der Person zu unterscheiden, und empfinden Kritik an der Sache als persönlichen Angriff.

Bei einer Predigt können sich Neue vom Prediger persönlich kritisiert und angegriffen fühlen. Deshalb ist es gut zu fragen, wer zum ersten Mal im Gottesdienst ist und darauf hinzuweisen, dass Beispiele und Aussagen nicht auf jemand Bestimmten gemünzt sind. Wenn jemand durch die gesagten Worte persönlich betroffen wird, soll er das als Hinweis von Gott aufnehmen und nicht von Menschen.

Wenn ein türkischer Mitschüler auf dem Schulweg unseren Kindern Probleme macht, sollten wir – ohne den Stolz des Türken zu verletzen – seine Familie besuchen. In freundlichem Ton können wir dabei die Eltern bitten, dass sie uns in dieser Sache helfen. Ohne Namensnennung wird von dem Problem allgemein gesprochen und gebetet, dass

der türkische Junge in solchen Fällen unseren Kindern bei-
steht. Wir treten als Hilfsbedürftige auf und die Tür öffnet
sich. Auch in der Bibel finden wir dazu Beispiele wie die
weise Frau von „Tekoa" bei David (2Sam 14,1-4).

Schweigen, Inaktivität
Als Menschen aus dem Westen geben wir auf alles eine
klare Antwort. Türken dagegen weichen uns bei einer Einladung zum Besuch oder Gottesdienst aus oder sagen gerne: „Ja, Inschallah", erscheinen aber nicht und sagen auch
nicht ab. Es handelt sich um ein „Beziehungs-Ja", ein Ja,
das nur deshalb gesagt wird, weil man dem anderen kein
direktes „Nein" ins Gesicht zumuten kann. Anschließend
wird man schon merken, wie der andere es gemeint hat,
wenn er nicht erscheint. Als West-Europäer empfinden
wir ein solches Verhalten als unaufrichtig. Fakt ist aber,
dass nie ein klares Ja gesagt wurde. Wir haben es nur so
verstanden. Wir selbst sollten uns merken, kein direktes
„Nein" zu sagen, um den Betroffenen nicht vor den Kopf zu
stoßen, sondern dieses Nein indirekt zu kommunizieren.

In der Bibel finden wir dazu Beispiele, etwa bei den Heb-
ammen in Ägypten, die die Neugeborenen der Hebräer
umbringen sollen und es nicht tun (2Mo 1). Oder: Obwohl
Esther Haman beschuldigt, tut sie es erst nach einer langen Schweigepause und ohne seinen Namen zu nennen
(Esther 7,3-4). Jesus selbst schweigt, als ihm die Ehebrecherin vorgeführt wird (Joh 8,1-11) und als er vor Gericht
steht (Mt 27,14).

Vermittler
Wenn eine Sache nicht weitergeht, sind Türken es gewohnt,
einen Vermittler einzuschalten. Der Vermittler muss hoch
angesehen sein, um Erfolg zu haben. Eine andere Art von
Vermittler ist die Person, über welche die Informationen

in einer Bezugsgruppe laufen. Es kann sich um den Vorsteher einer Organisation handeln oder um den türkischen Ladenbesitzer von nebenan. Dort spricht man, ohne Namensnennung, von einem Problem. Der andere weiß, um wen es sich handelt und gibt das Wort weiter an andere wichtige Vermittler, die dann letztendlich den Betreffenden erreichen, ohne dass der sein Gesicht verliert. Diese Vorgehensweise gibt es aber nur in einem intakten Beziehungssystem. In der Bibel finden wir das großartigste Beispiel, dass Gott das Problem der Sünde durch den Vermittler Jesus Christus gelöst hat (1Tim 2,5-6; Röm 5,10-11).

Ein Jüngerer nimmt eher Korrektur von einem Älteren („abi") an, der als Vermittler einbezogen wird. Für eine Korrektur ist es ungeheuer wichtig, nach dem Befinden zu fragen, eine Beziehungswärme aufzubauen, Vertrauen zu schaffen, Zeit miteinander zu verbringen. In der Kennenlernzeit darf keine offene Kritik geübt werden, sondern man stellt höchstens Fragen. Wenn man das nicht beachtet, sondern ohne eine echte Beziehung jemanden kritisiert, bricht man die Ehre und den Selbstwert eines Türken („gururunu kirmak"), was schwerer wiegt als die zu korrigierende Sache.

Glaubensgespräche
mit Muslimen

Gewöhnlich ist es nicht schwer, mit Muslimen in ein Gespräch über den Glauben zu kommen. Religion, Gebet, Gott sind für die meisten von ihnen keine Tabuthemen. Außerdem gibt es im Glauben an den allmächtigen Schöpfer, das Reden Gottes durch Propheten, die Erwartung des Endgerichts etc. viele Gemeinsamkeiten zwischen Muslimen und Christen.

a. Was ist Ihr Ziel?

Ihr Gespräch mit Muslimen kann wie das Entdecken eines neuen Erdteils sein. Zum Beispiel, wenn Sie erfahren, wie sehr der Islam das ganze Alltagsleben prägt, wofür es alles Regelungen und Vorschriften gibt, was alles von Mohammeds Taten und Aussagen überliefert worden ist ...

Manches wird vertraut klingen, wenn Ihre muslimischen Bekannten über die Personen reden, die Sie aus der Bibel kennen: über Abraham, Mose, David und andere. Aber etliche Details werden Ihnen fremd vorkommen. Es kann also spannend sein, viel Neues zu hören und einfach zunächst einmal Ihre muslimischen Bekannten, ihre Kultur und Religion besser kennenzulernen. Sich gegenseitig wahrzunehmen, einander kennen und verstehen zu lernen, ist schon einmal ein wichtiges Ziel. Es erweitert unseren Horizont und ist eine große Bereicherung.

Viele lassen sich in ihren Gesprächen von dem Wunsch

leiten, Gemeinsamkeiten zu entdecken. Wenn wir in unseren Glaubens- und Wertvorstellungen vieles gemeinsam haben, so denken sie, ist das eine gute Basis für ein gelingendes, friedliches Zusammenleben. Wenn wir uns im Wesentlichen einig sind, können wir in Details tolerant sein. Von der gemeinsamen Basis aus können wir Vertrauen aufbauen und Konflikte lösen. Weil der Wunsch nach Harmonie so stark ist, wird dann oft nicht gründlich nachgefragt, wie viel Konfliktpotential in den „Details" steckt und ob die gemeinsame Basis wirklich tragfähig genug ist.

Wenn aber Unterschiede zu Tage treten – und zum Teil kommen erhebliche Unterschiede in den Glaubens- und Wertvorstellungen ans Licht –, kann es dann unser Ziel sein, Gräben aufzuwerfen, deutlich zu sagen: „Wir glauben, denken, handeln so und so ... und Ihr seht das ja ganz anders!"? Das kann ein Ergebnis sein, ist aber sicher nicht ein vorrangiges Ziel – und in der Regel jedenfalls kein guter Einstieg.

Damit wir nicht auf falsche Geleise geraten oder uns in Beliebigkeiten verlieren, brauchen wir eine Zielrichtung, die uns für unsere Gespräche Orientierung bietet. Wir als Autoren dieses Buches sind der Überzeugung: Es ist Gottes Auftrag an alle, die durch Jesus Christus Gottes Kinder geworden sind, das rettende Evangelium in verständlicher Weise weiterzusagen. Weil wir selber reich beschenkt sind, ist es auch unser Wunsch, anderen zu sagen, wo und wie sie das Geschenk des ewigen Lebens finden können.

Diese Zielrichtung hilft uns, Antworten zu geben und Wichtiges von Unwichtigem zu unterscheiden, statt uns in endlosen Gesprächen über unzählige Details zu verlieren.

Manche Muslime sagen gern: „Christen und Muslime glauben ja eigentlich das Gleiche; die Unterschiede sind nebensächlich." Von der Zielrichtung her, ihnen das

Evangelium nahe zu bringen, kann es dann nötig und gut sein, auf einen der grundlegenden Unterschiede hinzuweisen, z. B. dass wir durch Jesus Christus Gewissheit der Vergebung unserer Schuld haben können, dass Gott uns in Jesus Christus Versöhnung und Frieden anbietet. Dabei ist es sinnvoll, einen Unterschied zu erwähnen, der mit dem Zentrum des Evangeliums zu tun hat, und nicht vorrangig kritische „Pfeile" auf den Islam abzuschießen. Kritik am Islam führt in der Regel zu fast endlosen Diskussionen über den Islam und weckt keinerlei Interesse am Evangelium.

b. Warum werden Sie nicht Muslim oder Muslima?

Wenn Sie sich auf Gespräche mit Muslimen einlassen, müssen Sie auch die Möglichkeit einkalkulieren, dass Sie mit Rückfragen konfrontiert werden, die Sie herausfordern, Ihren eigenen Glauben in Frage zu stellen – und dass Muslime Sie zum Islam einladen.

Zum Teil mögen es einfache Sachfragen sein: Befürwortet Jesus nicht auch Gewalt, wenn er sagt, er sei gekommen, „das Schwert zu bringen" (Mt 10,34)? War es wirklich notwendig, dass Jesus Christus am Kreuz starb? Einige dieser Fragen sind eine Herausforderung, die Bibel noch einmal unter anderem Blickwinkel zu lesen. Wir können dadurch ein neues und tieferes Verständnis für viele biblische Zusammenhänge finden und dafür dankbar sein.

Manche Rückfragen von Muslimen mögen uns bewusst machen, wie weit wir uns als einzelne Christen und in unserem Zusammenleben in Gemeinden und Kirchen von dem entfernt haben, was das Neue Testament als „christliches Leben" beschreibt. Das kann einen manchmal fast zum Schweigen bringen. Es kann uns aber auch helfen zu erkennen, dass wir das Evangelium von Jesus Christus, das wir den Muslimen schuldig sind, selber genauso brauchen!

Einige Fragen können rhetorisch gemeint sein oder gezielt eingesetzt werden, um uns zu verunsichern. Nicht auf alles müssen wir sofort eine Antwort haben – wir dürfen uns Zeit zum Nachdenken und Nachforschen erbitten – und müssen uns durch unbeantwortete Fragen nicht in unserer Beziehung zu unserem Herrn verunsichern lassen.

Manche Muslime unterhalten sich gerne mit „gläubigen Christen", weil sie erwarten: Wenn dieser Mensch, der ja schon an Gott glaubt, die einfache und logische islamische „Wahrheit" hört, wird er sich gewiss überzeugen lassen und Muslim werden. Sie werden Ihnen vielleicht sagen, dass Sie ein guter Mensch sind, dem eigentlich nur noch die Hinwendung zum Islam fehlt. Am meisten hilft es dann, sich darauf zu besinnen, was Gott uns durch Jesus Christus geschenkt hat – und davon auch dankbar zu reden.

c. Was haben wir Christen Muslimen anzubieten?

Gerade wenn Sie möglicherweise viel islamischem Überlegenheitsgefühl begegnen, ist es gut, sich bewusst zu machen, was Gott eigentlich den Muslimen zu bieten hat. Hier ist eine unvollständige Liste mit einigen Stichworten. Vieles davon haben ehemalige Muslime, die zum Glauben an Jesus Christus gekommen sind, als für sie besonders wichtig genannt:

- Gewissheit der ewigen Rettung;
- eine persönliche Beziehung zu Gott durch den Heiligen Geist: dass wir Gott als „Vater" ansprechen können;
- dass Gott sich uns in Jesus Christus offenbart hat – er ist nicht der Unbekannte geblieben;
- die Bindung an eine Menge von Vorschriften wurde ersetzt durch Freiheit in der Liebesbeziehung zu Gott.
- Zeugnisse von bekehrten Muslimen zu lesen, kann Ihnen helfen, noch mehr solche geistlichen Schätze zu entdecken.

d. Missionarisches Gespräch mit Muslimen

1) Bekennen: klar Flagge zeigen

Für Muslime gehört es zu den grundlegenden Pflichten, die Schahada (das Glaubensbekenntnis) auszusprechen[20]. Entsprechend erwarten sie, dass auch Christen bereit sind, sich jederzeit zu ihrem Glauben zu bekennen – auch wenn sie nicht alles darüber wissen und nicht alles erklären können. Wenn nun Muslime nirgends ein solches Bekenntnis hören, denken sie, dass es entweder in diesem christlichen Land merkwürdigerweise keine Christen gibt oder dass das Christentum völlig „abgewirtschaftet" hat.

Muslimische Bekannte haben uns gezeigt, wie sehr sie darauf warten, dass Christen sich z. B. bei Diskussionen in der Schule oder bei Gesprächen im Kollegenkreis zu erkennen geben, z. B., indem sie zu dem jeweiligen Thema etwas von ihrem Glauben zu sagen haben. Ein klares Bekenntnis zum Glauben an Gott baut Brücken fürs Gespräch, auch wenn Muslime den Inhalt unseres Bekenntnisses eventuell nicht nachvollziehen können. Manchmal bekommen wir trotzdem als anerkennend gemeinte Reaktion zu hören: „Du musst ja so glauben, wenn es so in deinem Buch steht."

Muslimen gegenüber können und sollten wir uns also recht bald als Menschen zu erkennen geben, die an Gott glauben, denen die Beziehung zu ihrem Schöpfer und der Gehorsam gegenüber seinen Geboten wichtig ist. Dass Muslime im Westen (in der sogenannten „christlichen Welt") viel Gottlosigkeit erleben, bewirkt, dass sie kein Interesse haben, dieses „Christentum" kennenzulernen. Nur wo sie Menschen kennenlernen, die sich zu ihrem christlichen Glauben bekennen, werden sie überhaupt anfangen, Fragen zu stellen.

2) Bezeugen: vom Leben und von Erlebtem erzählen

Für Muslime ist die religiöse Praxis, auch „Fünf Säulen"[21] genannt, sehr wichtig. Oft fragen sie einen Christen auch vor allem danach: ob er betet, ob er fastet ... Schon beim Erzählen, wie Sie zum Beispiel beten, können Sie indirekt auf das Evangelium hinweisen. Dass Sie mit dem allmächtigen und heiligen Gott reden können wie ein Kind mit seinem Vater, ist nur möglich, weil Sie durch Jesus Christus Vergebung Ihrer Schuld empfangen haben ... Weil in der Regel von unserer Glaubenspraxis in der Öffentlichkeit nicht viel zu sehen ist, haben manche Muslime Fragen, wie wir unseren Glauben denn im Alltag leben. Erzählen Sie davon! Und bringen Sie auch Ihre Freude darüber zum Ausdruck, dass Sie sich nicht durch Ihre religiöse Praxis eine Chance erarbeiten müssen, ins Paradies zu kommen. Wir werden in Ewigkeit bei Gott sein dürfen, weil er uns durch Jesus Christus zu seinen Kindern gemacht hat. Nicht weil er uns hoffentlich unser Beten, Fasten, Bibellesen, Almosengeben oder eine Pilgerfahrt als gute Werke anrechnet.

Auch was Sie mit Gott erleben, können Sie zu seiner Ehre erzählen. Gebetserhörungen, Bewahrung, Wegweisung durch sein Wort, Trost, Erlebnis der tiefen Gemeinschaft mit Gott durch Christus, Gewissheit der Vergebung, der Erlösung und des ewigen Lebens, Befreiung von Angst und Belastungen, denn Christus siegt (1Jo 3,8) ... Für viele Muslime ist Gott sehr fern. Er ist viel zu groß, um sich um ihren Alltag zu kümmern. Er gleicht einer unpersönlichen Macht, die ihr Leben regiert. Für viele von ihnen wird es etwas Neues sein, von Gottes liebevoller Zuwendung zu hören. Manchen klingt es als „zu schön, um wahr zu sein". Andere mögen anfangen, nach diesem lebendigen, lieben-den Gott zu suchen.

Wenn Sie von der eigenen Hinwendung zu Christus erzählen, werden Sie bei vielen auf Erstaunen stoßen. Denn

Muslim zu werden geschieht einfach durch die Geburt in eine muslimische Familie. Dass jemand, der in eine christliche Familie geboren wird, deshalb noch nicht Christ ist, ist nicht nur für viele Muslime etwas völlig Neues. Indem Sie erzählen, wie Ihr Christwerden sich durch „Wiedergeburt" vollzogen hat, können Sie vielleicht viel vom Evangelium recht konkret und anschaulich weitersagen.

Die Bibel ist voller Erzählungen von Gottes Geschichte mit uns Menschen. „Glaube" im biblischen Sinn ist nicht in erster Linie eine theoretisch gelernte und angeeignete Lehre. Es geht um ein Leben mit Gott. Deshalb ist es gut, wenn Sie im Gespräch mit Muslimen weniger „Lehrsätze" weitergeben als Geschichten erzählen. Was hat Gott nach dem Zeugnis der Bibel getan und wie hat er sich darin offenbart?

Vielleicht stoßen Sie dann im Gespräch auch auf Unterschiede zwischen der biblischen und der koranischen Wiedergabe der gleichen Ereignisse. Durch einen Vergleich, zum Beispiel bei Abrahams Fürbitte für Sodom in 1. Mose 18,16ff und in Sure 11,74-76, können Sie aufzeigen, wie Bibel und Koran ein unterschiedliches Zeugnis über Gottes Handeln und Wesen enthalten. – Bekannte Personen der Bibel, die auch im Koran vorkommen, können Sie als Hinweise auf Jesus vorstellen. Zum Beispiel Adam, Abraham, Mose, Josef, Daniel.[22]

Erzählen Sie auch von Vorhersagen im Alten Testament, die auf Jesus hinweisen und in ihm erfüllt wurden.[23]

Benutzen Sie Gleichnisse zur Veranschaulichung und als Argumente. Dazu können Sie Gleichnisse aus der Bibel oder moderne Beispielgeschichten einsetzen, die eine geistliche Botschaft transportieren.[24]

3) Informieren: Fakten über den christlichen Glauben
Viele Muslime haben nur wenige oder unzutreffende Informationen über den biblischen Glauben. Ein junger Mann

äußerte sich erstaunt, dass in der Bibel, die ich ihm zeigte, in einem einzigen Buch die 5 Bücher Mose, die Psalmen und das Evangelium vorhanden sind. Er hatte nach islamischer Vorstellung angenommen, dass die 5 Bücher Mose „Taurat" und die Psalmen „Zebur" für uns überholt seien, und wir deshalb nur noch das Evangelium „Indschil" läsen.

Ostern ist selbst für viele, die seit Jahrzehnten hier leben, nur das „Eierfest". Manche sind dankbar für Informationen über christliche Gebräuche. Zum Beispiel freuen sie sich über Hinweise, welche Traditionen mit dem christlichen Glauben nichts zu tun haben, über Unterschiede und Gemeinsamkeiten zwischen den Konfessionen, über Aussagen der Bibel zu ethischen Fragen.

Auch solche „Sachinformationen" geben mancherlei Möglichkeiten, auf das Evangelium hinzuweisen. Wir können vom Kommen des Erlösers in unsere Welt erzählen, an das wir zur Weihnachtszeit besonders denken. Oder zu Karfreitag und Ostern über die Tatsache und Bedeutung der Kreuzigung und Auferstehung reden. Zu Pfingsten können wir erklären, dass es durch die Sendung des Heiligen Geistes möglich ist, eine persönliche Beziehung zu Gott als unserem himmlischen Vater zu haben.

Manchmal mag es nötig sein, auf die Tatsache hinzuweisen, dass nicht alle, die sich Christen nennen, wirklich Christen sind. Dabei sollten wir aber nicht vergessen zu betonen, dass wir alle von Natur aus vor Gott Sünder sind und Vergebung und Versöhnung brauchen. Sonst bestätigen wir ungewollt das religiöse Vorurteil, Menschen hätten durch ihr Gutsein eine Chance, von Gott angenommen zu werden. Dann würde aber das Evangelium in den Schatten gestellt, anstatt wie eine warme Lichtquelle die Dunkelheit zu erhellen.

4) Erklären: Missverständnisse aus dem Weg räumen

Als Christen und Muslime gebrauchen wir oft die gleichen Begriffe: Gottes Wort, Prophet, Gnade, Gebet ... meinen damit aber nicht das Gleiche. Das kann zu Missverständnissen führen, wenn wir nicht erklären, was die Worte für uns wirklich bedeuten.

Meinen wir mit „Gebet" das vertrauensvolle Gespräch eines Kindes mit seinem himmlischen Vater? Oder verstehen wir darunter ein bis in Details vorgeschriebenes Anbetungs- und Unterwerfungsritual, das der Mensch als Sklave seinem übermächtigen himmlischen Herrn schuldig ist?

Auch das Verständnis von „Prophetie" ist unterschiedlich. Nach islamischer Vorstellung bringen alle Propheten im Grunde dieselbe Botschaft. Damit sagt Jesus eigentlich nichts anderes als Mohammed. Biblisch unterscheiden wir jedoch verschiedene heilsgeschichtliche Epochen. In der Zeit vor dem Gesetz leben und reden Abraham, Isaak und Jakob anders als danach Mose, der das Gesetz bringt. Die späteren Propheten erinnern an das Gesetz, kündigen aber auch schon einen neuen Bund an, der dann in Jesus Christus seine Erfüllung findet.

Besonders missverständlich für Muslime ist die Bezeichnung „Gottes Sohn". Wenn wir ohne Erklärung sagen, wir glauben, Jesus sei „Gottes Sohn", sprechen wir für viele Muslime eine Ungeheuerlichkeit aus. Denn ihrem Verständnis nach schreiben wir damit dem hohen und erhabenen Gott eine sexuelle Beziehung zu einer menschlichen Frau zu, etwa im Sinne der griechischen Göttersagen.

Wenn der Apostel Paulus über die „Freiheit vom Gesetz" schreibt, verstehen viele Muslime das als einen Vorwand für Gesetzlosigkeit. Vergebung „aus Gnade allein" wird verstanden als Freibrief zum Sündigen ...

Deshalb ist es gut, immer wieder nachzufragen, was Ihr muslimischer Gesprächspartner unter bestimmten

Begriffen versteht, um Missverständnisse zu vermeiden oder ausräumen zu können.

5) Begründen: Warum ...?

Fakten stehen nicht einfach für sich. Sie gewinnen ihren Sinn aus dem Zusammenhang, in dem sie stehen. In der Diskussion, ob Jesus Christus am Kreuz gestorben ist, geht es nicht nur um eine geschichtliche Frage. Sie wäre eventuell überflüssig, wenn sie nicht von so grundlegender Bedeutung für unsere Rettung wäre. Muslime verstehen die Problematik der Kreuzigung von der Frage der Allmacht Gottes her. Hätte denn der allmächtige Gott nicht verhindern können, dass sein Prophet getötet wurde? In der Bibel steht die Kreuzigung in einem völlig anderen Zusammenhang. Schuld muss gesühnt werden, sonst bleibt die Beziehung zwischen Gott und uns Menschen dauerhaft zerstört. Gott löst dieses Problem, indem er in Jesus Christus unsere Schuld „bezahlt". Das muss erklärt werden, sonst werden Muslime die Kreuzigung immer als totalen Unsinn ansehen. (Auf der Internetseite des Orientdienstes unter „download" finden Sie dazu in Deutsch und Türkisch einen Flyer mit dem Titel: „Ist Jesus am Kreuz gestorben?"[25])

6) Über Sünde reden

In diesem Zusammenhang ist es auch nötig, über Sünde zu reden. Nur wenn verständlich wird, wie zerstörerisch Sünde ist, wird auch ein Verlangen nach Vergebung und Versöhnung entstehen können. Wie ist das im Rahmen der Schamkultur konkret möglich? „Schamkultur" heißt, dass viele Menschen aus dem Orient eine andere Gewissensprägung haben. Während wir in der westlichen Welt eher Wahrheit und faktische Schuld betonen, liegt der Schwerpunkt im Orient eher auf Beziehung, Gemeinschaft, Harmonie, Ehre und Schande. Was ist Gottes

Maßstab? Von der Bibel her müssen wir neu entdecken lernen, welche Zusammenhänge zwischen Schuld und Ehrverlust bestehen.[26]

Weiterführende Hinweise finden Sie bei: Lomen, 2003 und Idea-Dokumentation, 8/2005.

Wichtig ist jedenfalls, im Gespräch deutlich zu machen: Es geht bei dem Thema „Glaube" nicht nur um unser religiöses Wissen und Tun, sondern um unser Gewissen vor Gott. Wir können nicht über Gott reden wie über sonst ein Thema, sondern wir stehen vor ihm, der unsere Gedanken kennt: Er weiß, ob wir die Wahrheit erkennen oder nur vor anderen Menschen als klug dastehen wollen. Ob wir bereit sind, der Wahrheit zu gehorchen, oder nur unseren Standpunkt behaupten wollen. Ob unser Debattieren nur dazu dienen soll, zu verhindern, dass Gott zu uns redet.

Das islamische Konzept, schlechte durch gute Taten, Versäumnisse durch spätere Übererfüllung eines Solls ausgleichen zu können, dürfen wir deutlich und auch wiederholt in Frage stellen. Mit der Bibel können wir bezeugen, dass schon *eine* Sünde völlig ausreicht, um uns von Gott zu trennen. Und dass wir jemanden brauchen, der unsere Beziehung zu Gott wieder in Ordnung bringt.

Im Gespräch über unsere Bedürftigkeit, gerettet zu werden, können wir gut die Zehn Gebote einsetzen. Muslime sind am Gesetz Gottes interessiert. Wir können ihnen die Zehn Gebote vorstellen. Acht davon sind verstreut auch im Koran zu finden. Durch sie können wir das Gewissen des Muslims ansprechen und auf die geistliche Natur der Zehn Gebote hinweisen, wie sie in der Bergpredigt erwähnt sind: Zorn und Wut setzt Jesus mit Mord gleich, lüsterne Blicke mit Ehebruch und so weiter. Wir können fragen, ob sich der Muslim aufgrund der Gebote als Sünder erkennt, ob er denkt, er komme ins Paradies oder in die Hölle. Falls er erklärt, dass er eigentlich die Hölle verdient habe, können wir ihm das Evangelium von Jesus vorstellen.[27]

7) Antworten: Angriffe widerlegen
Es gibt eine Reihe von üblichen Argumenten, die Muslime gegen das Evangelium ins Feld führen: Die Bibel ist verfälscht, Christen glauben an drei Götter, Jesus war nur Mensch, Jesus wurde nicht gekreuzigt. Es würde den Rahmen unseres Buches sprengen, wenn wir versuchen würden, hier darauf einzugehen. Sollte Ihr Gesprächspartner Sie mit solchen Fragen konfrontieren, können Sie an verschiedenen Stellen Hilfe finden. Zum einen gibt es inzwischen zu diesen und ähnlichen Themen viele Schriften mit hilfreichen Antworten. Zum anderen finden Sie auch Hilfen auf Internetseiten[28/29], Videos von „bibelundkoran"[30] und auf unserer Homepage[31].

Nicht jeder wird auf Anhieb alle Fragen von Muslimen beantworten können; auf der Orientdienst-Internetseite finden Sie biblische Argumente, die Sie verwenden können (Prophetien über Jesus[32], Prophetien von Jesus[33]).

Sie können auch Literatur an Interessierte weitergeben oder sie auf Internetseiten hinweisen – siehe „Bibeln, Traktate, Plakate und elektronische Medien" – und ihnen Material für das persönliche Weiterstudium zugänglich machen.

Das kurze Traktat „Yusuf fragt Dauda – Fatima fragt Ladi. Vier Freunde vergleichen ihren Glauben" enthält eine knappe, sachliche Klarstellung islamischer Vorurteile gegen die Bibel und den christlichen Glauben. Inzwischen ist dieses Faltblatt auch in Englisch, Französisch, Arabisch, Farsi, Kroatisch, Türkisch und Kurdisch-Sorani erhältlich.[34/35]

Bei manchen „verzwickten" Fragen oder Themen, die Ihnen als Nebensächlichkeiten erscheinen, dürfen Sie aber auch nachfragen, ob und warum die Person sich eigentlich für diese Frage interessiert. Denn manche versuchen einfach, ihre Gesprächspartner zu verunsichern. Oder sie meinen, wenn sie bestimmte „Argumente" ausbreiten, müsse doch jeder vernünftige Mensch den Unsinn des Christentums einsehen. Sie selber interessiert die Frage nach Gott oder nach der Wahrheit eigentlich überhaupt nicht. Dann dürfen Sie auch schon einmal sagen, dass es nicht Ihre Absicht ist, über Religion zu streiten. Ihr Anliegen bestehe nur darin, über eine wichtige und lebensentscheidende Frage zu reden: wie ein Mensch in einer versöhnten Beziehung mit Gott leben könne.

8) Den Islam angreifen?

Manche Muslime erscheinen sehr „begabt", Fehler in der biblischen Botschaft und im Leben von Christen zu finden, sind jedoch für entsprechende Defizite im Islam und der islamischen Welt blind. Dann ist die Versuchung groß, den „Spieß umzudrehen" und den Islam anzugreifen. Wenn wir uns kritisch über Mohammed oder den Koran äußern, kann das allerdings von manchen nur als böswillige Lästerung empfunden werden. Denn den meisten Muslimen wurde von Kindheit an ein idealisiertes Bild vermittelt. Am ehesten erscheinen mir Gegenüberstellung und Vergleich als Möglichkeiten, zugleich zu einem ausgewogeneren Bild zu kommen und das Evangelium zur Sprache zu bringen. Dabei ist auch die Gefahr weniger groß, sich in einer Debatte über den Islam festzufahren. – Wie hat sich Jesus verhalten – wie Mohammed? Was sagt die Bibel – was der Koran? – Wenn Sie Vergleiche ziehen, ist es wichtig zu beachten, dass Sie Gleiches mit Gleichem vergleichen – zum Beispiel nicht die biblischen Ideale mit der Alltagsrealität in der islamischen Welt. – Am Sinnvollsten mag es trotz allem sein, positiv zu bezeugen, was Ihnen das Evangelium bedeutet.

Hinweise auf Missstände in der islamischen Welt sind in der Regel möglich, aber dabei ist wichtig zu beachten: *„Wer im Glashaus sitzt, ..."* Ein Schlagabtausch über Fehler des „Westens" und der islamischen Welt führt gewöhnlich zu nichts. Eine Infragestellung der religiösen Praxis im Bereich des Islams kann dann sinnvoll sein, wenn sie aufdeckt, dass wir als Menschen alle Sünder sind und dass der Islam dafür keine wirkliche Lösung bietet.

9) Weitere Fragen

- Warum sind Sie noch nicht Christ geworden? Wäre es nicht an der Zeit, ernsthaft darüber nachzudenken? – Ähnlich fragen uns Muslime umgekehrt in ihren Herkunftsländern.
- Warum vertrauen Sie auf einen einzigen Menschen, der seine Offenbarung von einem Engel haben soll? Warum vertrauen Sie nicht den 40 von Gott geleiteten Autoren der Bibel? Sie stimmen überein. Stellen Sie sich vor, ein Mercedes-Fahrer verursacht einen Unfall. 40 Zeugen sagen etwas anderes als das, was der Fahrer alleine behauptet. Wem würden Sie dann Glauben schenken?
- Warum wurden die Koranhandschriften vom dritten Kalifen Uthman verbrannt? Bis dahin gab es verschiedene Versionen des Korans. Was wollte er verbergen?[36]
- Wie rechnen Sie sich Ihre Chance aus, ins Paradies zu kommen?
- Was können Sie tun, damit Sie Ihre Sünden vergeben bekommen? Reichen Ihre guten Werke?
- Denken Sie, Sie sind auf dem Weg der Wahrheit? Woher wissen Sie das? Es gibt eine Person, die von sich selbst gesagt hat, dass sie der Weg, die Wahrheit und das Leben ist. Möchten Sie sie kennen lernen?
- Die von Muslimen vorgebrachten 101 scheinbaren Fehler

in der Bibel[37] finden ihre Antwort auf der englischsprachigen Webseite Debate.org.uk[38].

e. Wenn jemand nicht zuhören will

Es kann auch geschehen, dass jemand Ihnen eine Menge Fragen stellt, ohne die Antworten abzuwarten. Er will Ihnen eigentlich auch gar nicht zuhören. Wenn Sie mit Fragen „beschossen" werden, um Ihnen die Überlegenheit des Islam und die Fragwürdigkeit des Christentums zu „beweisen", ist es besonders wichtig, ruhig zu bleiben. Versuchen Sie, herauszuhören, was den Fragenden eigentlich bewegt. Beten Sie und überlegen Sie, welchen Impuls zum Nachdenken Sie weitergeben sollen.

Versuchen Sie, das Ziel nicht aus den Augen zu verlieren! Es gibt Tausende von Fragen und Behauptungen, in denen man sich wie in einem Gestrüpp verheddern kann. Zum Beispiel: Kommt „Mekka" in der Bibel vor? – Versuchen Sie, immer wieder auf die entscheidenden Themen hinzuweisen – auch wenn Ihr Gesprächspartner sie noch nicht als die zentralen Fragen sieht: unser verlorener Zustand vor Gott und sein Angebot der Rettung.

Es gibt Leute, die völlig festgefahren erscheinen und einfach nicht hören wollen. Versuchen Sie dann nicht, ein Zuhören zu erzwingen. Bleiben Sie freundlich. Dann können Sie unter Umständen jemandem, den Sie einigermaßen gut kennen, sogar liebevoll sagen: „Ich glaube, du willst mir gar nicht zuhören!" – und bitten Sie Gott, dass er durch seinen Heiligen Geist an der Person wirkt!

Viele Muslime lieben es, über den Glauben zu debattieren. Wie weit sollen wir darauf eingehen? Natürlich sollen wir nach Möglichkeit auf jede ernst gemeinte Frage antworten und uns mit Einwänden und Gegenargumenten gründlich auseinandersetzen. Wir müssen auch Streitgesprächen nicht unbedingt aus dem Wege gehen. Wichtig ist aber zu erkennen, dass hinter dem Hang zum Debattieren oft die Meinung steckt, der Mensch sei fähig, durch seinen Verstand die Wahrheit über Gott zu erkennen. Manchmal wird es von Muslimen sogar deutlich ausgesprochen: Wer bloß vernünftig genug nachdenkt, muss doch Muslim werden! Zum Teil ist schon diese Grundhaltung, es komme nur auf unsere Vernunft an, als irrig aufzudecken. Was wir Menschen wollen, erscheint uns leicht als „vernünftig". Was wir innerlich ablehnen, können wir nur schwer verstehen. Warum fällt es uns zum Beispiel gewöhnlich so schwer zu erkennen, dass wir vor Gott nichts anderes als verlorene Sünder sind? Selbst wenn wir merken, dass diese Aussage eigentlich den Tatsachen entspricht, wollen wir es nicht wahrhaben. Denn es widerspricht zu sehr unserem Stolz. Deshalb strengen sich ja viele Menschen lieber ein Leben lang an, in der Hoffnung, vielleicht (!) ins Paradies zu kommen, als vor Gott ihren Bankrott zu erklären und sich seine Vergebung schenken zu lassen.

Wer nicht mehr hat als ein Buch und seinen Verstand, kann nur debattieren. Wer dagegen weiß, dass Gottes Geist uns das Verständnis für sein Buch öffnen muss, wenn wir verstehen sollen, kann zwar auch diskutieren, wird aber vor allem bezeugen – und für diejenigen beten, mit denen er redet.

f. Zwei weitere Ansatzmöglichkeiten für unser Gespräch sind:

1) Anknüpfen durch Widerspruch
Indem wir bewusst etwas sagen, das den Muslim in seiner Lehre überrascht, ja schockiert, kann es zu interessanten Gesprächen kommen. – Mit einem Marokkaner kam ich ins Gespräch über Gottes Kampf mit Jakob (1. Mose 32,23-32). Dass Gott den Sieg „verschenkt", kam ihm fast unglaublich vor! Ich betonte dann, dass Gott sogar noch

weiter geht: In Jesus Christus nimmt er unsere Sünde auf sich und schenkt uns seine Gerechtigkeit! – An manche biblischen Berichte und Aussagen haben wir uns so gewöhnt, dass wir gar nicht mehr merken, wie viel Überraschendes und auf den ersten Blick „Anstößiges" sie enthalten.[39]

2) Sieben christlich-muslimische Prinzipien für Muslime
Diese können wir bei Muslimen einsetzen, die uns gegenüber den Koran zitieren. Muslime müssen an die Offenbarungsschriften Gottes glauben. Darunter fällt nicht nur der Koran, sondern auch das Alte und Neue Testament. Diese sind Muslimen als Mosebücher (Tevrat), Psalmen (Zebur) und Evangelien (Indschil) bekannt. Christen können aus allen diesen Schriften sieben Prinzipien (1. Gott hat ein Ziel mit unserem Leben; 2. Sünden trennen uns von Gott; 3. Wir können uns nicht selbst retten; 4. Das Kreuz ist die Brücke zum Leben; 5. Gott hilft uns durch eine Person; 6. Ihn persönlich annehmen; 7. Was können wir erwarten, wenn wir Gottes Geschenk annehmen?)[40] nachweisen, die Muslime zum Glauben an Christus hinführen. Natürlich mit dem Hinweis, dass Sie selbst sich nicht dem Koran unterwerfen, sondern ihn nur zitieren, weil er die Autorität der Muslime ist. – Zum Umgang mit dem Koran als Christ siehe Anmerkung[41].

g. Von Mensch zu Mensch: Fragen der Lebensgestaltung

Oft geht es aber in Gesprächen gar nicht um religiöse Themen im engeren Sinn, sondern um Fragen der Lebensgestaltung: Wie kann ich so leben, dass mein Leben gelingt? – Muslimische Freunde und Bekannte bitten uns um praktische Ratschläge. Sie brauchen Orientierung, um sich in der europäischen Gesellschaft und westlichen Kultur zurechtzufinden, ohne durch dauerndes „Anecken" zu viele negative Erfahrungen zu machen. Je nach Situation können wir ihnen manchen Rat geben bezüglich Kindergarten, Schule, Ausbildung, Wohnungssuche, Umgang mit Ämtern, und zum Teil auch erklären, warum Dinge in Deutschland so und so „laufen". Wir sprechen miteinander über unser Eheleben und über Kindererziehung etc. Manchmal brauchen unsere Freunde auch Trost, wenn sie Ablehnung erfahren, Unterstützung, wenn sie Ungerechtigkeit und Benachteiligung erleben. Wir müssen uns dann eventuell hüten vor dem Drang, auf allen Gebieten unsere eigene Gesellschaft verteidigen zu müssen! – Auch im Zusammenhang mit solchen Alltagsthemen ist es möglich, auf Gott, die Möglichkeit des Gebets und hilfreiche biblische Prinzipien hinzuweisen.

h. Gemeinsames Bibelstudium

Wenn ein Muslim bereit ist, mit Ihnen ein Bibelstudium zu beginnen, ist das eine große Chance, dass er das Evangelium gründlich kennenlernen kann. Dabei ist auch ein gemeinsames Bibelstudium mit Bibeln in verschiedenen Sprachen möglich: Jeder kann die entsprechenden Texte in der Sprache lesen, die ihm am geläufigsten ist. – Eine Hilfe für die Bezeichnung der biblischen Bücher zum Beispiel in Arabisch finden Sie auf der Webseite des Orientdienstes. Allerdings muss man sich bewusst sein, dass Übersetzungen voneinander abweichen können (wörtliche oder freiere Übersetzung). Können Sie mit einem Türken ein Bibelstudium betreiben, ohne seine Sprache zu sprechen? – Ja! In Türkisch gibt es eine ganze Anzahl von Bibelfernkursen, die Sie weiter empfehlen können. Manche sind online auch anonym möglich, andere können heruntergeladen werden oder in Papierform bestellt werden. Einige sind auch in Deutsch erhältlich, sodass Sie vergleichen können.[42]

Glaubenskurse wie *Alpha* und andere sind für Muslime sehr gut geeignet. Denn oftmals beginnen diese mit einem gemeinsamen Essen, was im Orient zu einer Beziehung und zum Aufbau von Vertrauen unbedingt dazu gehört. Dies kann auch in einer Privatwohnung stattfinden. Allerdings werden Sie einen Orientalen kaum dazu bewegen können, an einer Veranstaltung wie dem Glaubenskurs teilzunehmen, wenn Sie ihn nicht persönlich einladen. Bieten Sie möglichst an, den Interessierten selbst zu der Veranstaltung abzuholen. Bei Glaubenskursen gibt es nach dem Essen ein Video oder einen Vortrag. Es folgt eine offene Diskussion über das präsentierte Thema. Dabei sollte der Muslim auch Raum bekommen, seine bisherigen Vorstellungen zu reflektieren. Es ist oft ein langer Weg, bis ein Muslim zum Glauben an Jesus Christus als Retter kommt. Da brauchen Sie Geduld! Manchmal redet Gott auf besondere Weise durch einen Traum oder eine Vision, die dem Muslim klare Anleitung gibt, was er tun soll. Darum dürfen Sie Gott bitten.

Bezugsadresse: Im *Alpha*-Büro[43] stehen verschiedene Sprachen zur Verfügung, zum Beispiel Russisch, Portugiesisch, Spanisch, Englisch, Farsi (Persisch)... Aber auch andere Sprachen sind erhältlich. Bitte wenden Sie sich bei Interesse an das Alpha-Büro unter: info@alphakurs.de oder telefonisch unter 03643 48 99 270.

i. Einladung zum Glauben

Muslime sollten von uns erfahren, dass bei Jesus Christus jeder Mensch willkommen ist. Und dass auch die Türen der christlichen Gemeinde offenstehen für jeden, der ein Leben in der Gemeinschaft mit Jesus Christus leben will. Wir sollten Muslimen also mit einer einladenden Haltung begegnen. Es kann aber nötig sein, darauf hinzuweisen, dass es keine materiellen oder sozialen Vorteile bringt, „Christ" zu werden. Denn manchmal kursieren Gerüchte, Christen würden Leute mit Geld oder sonstigen Versprechungen bestechen, sich ihrer Gemeinschaft anzuschließen. Nach eigener Aussage von Jesus bringt es ja eher Nachteile mit sich, wenn jemand sich ihm anschließt.

Sollen wir also überhaupt Muslime einladen, ihr Leben Jesus Christus anzuvertrauen? Gewiss sollten wir ihnen erklären: Glaube an Jesus Christus bedeutet, in eine persönliche, geistliche Beziehung zu ihm einzutreten. Es geht nicht darum, nur verstandesmäßig einige christliche Lehrsätze für wahr zu halten. Bevor wir aber jemanden konkret einladen, sein Leben Jesus Christus anzuvertrauen, sollten wir für uns selber einige Fragen klären: Hat die Person wirklich verstanden, was dieser Schritt beinhaltet? Ist das Interesse, das wir feststellen, wirklich Interesse an einer Beziehung zu Jesus Christus oder doch mehr Höflichkeit uns gegenüber oder gar Dankbarkeit für empfangene Hilfe? Will die Person mir einen Gefallen tun? Würde sie eventuell nur zustimmen, ein Übergabegebet zu sprechen, weil sie es als unhöflich empfände, nein zu sagen? Kann sie die möglichen Konsequenzen einschätzen? Ist die Zustimmung zu dem, was wir sagen, eventuell nur verstandesmäßige Einsicht, ohne persönliches Betroffensein – z. B. ohne durch Gottes Geist gewirkte Sündenerkenntnis?

Wir sollten Muslime zwar freundlich und klar zum Glauben an Jesus Christus einladen, aber sie niemals zu früh zu einer Entscheidung herausfordern. Sie müssen verstanden haben und zumindest ungefähr einschätzen können, welche Folgen eine solche Entscheidung für sie haben kann. Denn sehr wahrscheinlich wird viel Druck auf sie ausgeübt werden, ihre Entscheidung wieder rückgängig zu machen. Das kann bis hin zu Verstoßung aus der Familie und Morddrohungen gehen, die durchaus auch heute noch in die Tat umgesetzt werden. Wenn sie sich – trotzdem – für ein Leben mit Jesus Christus entscheiden, müssen sie in ihrem

Innersten genau wissen, wer dieser Herr wirklich ist, dem sie sich anvertrauen. Denn nur im Blick auf seine Treue können sie den Schritt wagen, ein Leben in seiner Nachfolge zu beginnen. Und nur im Festhalten an seiner Liebe können sie die mancherlei Anfechtungen überwinden, die mit großer Wahrscheinlichkeit auf sie zukommen werden.

Wenn wir Muslime zum Glauben an Jesus Christus einladen, setzt das auch unsere Bereitschaft voraus, sie bei ihren ersten Schritten auf dem „Jesus-Weg" zu begleiten. Weitere Anleitung zur Seelsorge finden Sie in Kapitel 5. Aufnahme von Konvertiten in christliche Gemeinschaften – und ausführlicher in dem Buch von Horst Pietzsch, *Welcome Home*: Pietzsch, 2008[44].

4

Gruppenbegegnungen

a. Einladung auf Muslime zuschneiden

Bei Einladungen schriftlicher oder mündlicher Art sollten wir nicht vergessen, dass wir es mit Muslimen zu tun haben. Das Evangelium ist zwar unveränderlich. Aber die Art der Präsentation kann abweichen. Für die Griechen war das Wichtigste: Wissen und Weisheit. Für die Römer waren es Ehre und Herrlichkeit. Und für die Hebräer war das Höchste die Weisheit und das Licht Gottes. Paulus findet mit dem Evangelium für alle eine Antwort (2Kor 4,6). Muslime sind im Gegensatz zu Nichtmuslimen und traditionellen Christen vor allem auf folgende Facetten des Evangeliums ansprechbar: Unreinheit/Reinheit (Eph 5,25f), Schande/Ehre und Heldentum (Röm 10,11; Jes 9,5), Einsamkeit/Zugehörigkeit (Mk 3,35), Kraftlosigkeit/Macht gegen das Böse (Kol 2,15) und Krankheit/Heilung (1.Petr 2,24). Erst in zweiter Linie sind Vergebung und Rechtfertigung auch für sie ein Thema (Gal 3,24). Denn laut dem Islam vergibt Allah sowieso, wem er will, und niemand kann sicher sagen, dass ihm vergeben wurde. Vielleicht ist es Ihnen eine Hilfe, in Ihrer Konkordanz zur Bibel einmal nach den Schlagworten „Ehre", „Schande", „Unreinheit" oder „Held" zu suchen und betreffende Stellen zu lesen, um ein Verständnis dafür zu bekommen, wie diese mit dem Evangelium zusammenhängen.

Vor einer Begegnung mit Muslimen ist es gut, bei dem Hilfe zu suchen, der versprochen hat, alle Tage bei uns zu sein, bis an der Welt Ende. Das gilt besonders dann, wenn wir ihnen Gottes Liebe bezeugen wollen. Bitten Sie Jesus Christus konkret, Ihnen Weisheit, Liebe und Geduld zu schenken. Bitten Sie weiter um vorbereitete Menschen und Mut, Mut und noch einmal Mut, wie Paulus es tat (Eph 6,18-20).

b. Ideen, Ideen, ...

Welche Aktionen können Sie konkret allein oder als Gruppe durchführen, um Muslimen das Evangelium zu bringen? Ihrer Fantasie sind keine Grenzen gesetzt. Fragen Sie sich: Wo leben welche Muslime bei uns? Welche Art von Muslimen ist es? Welche Sprache sprechen sie am besten? Vielleicht gibt es ja einen ehemaligen Muslim in Ihrer Gemeinde, den Sie mit einbeziehen können. Welche Altersgruppe möchten Sie erreichen? Was sind die Bedürfnisse, die Nöte dieser Volksgruppe? Wie können Sie diesen begegnen? Vielleicht durch Sprachförderung im privaten Kreis? Gitarren-Unterricht für Kinder oder Teenies? Tischtennis, Tischkicker-Angebote oder ein Straßenfest, das Sie organisieren?

Oder wollen Sie einen wöchentlichen Winter-Spieltag für kleinere Kinder in Ihrer Gemeinde oder Kirche von 15 bis 18 Uhr durchführen? Dafür räumen Sie die Gemeindestühle weg und bitten Ihre Gemeinde und Hersteller von Lego-Duplo-Bausteinen und andere um eine Sachspende, indem Sie Ihre Bemühungen im Namen Ihrer Gemeinde in einem Brief erklären. Für die anwesenden Mütter gibt es Kaffee und Kuchen und eventuell auch ein Angebot von gut erhaltenen Second-Hand-Sachen.

Der EC-Jugendverband bietet einen Mitarbeiter mit seiner Aktion „Woody Town" mit 40.000 Holz-Bausteinen an. In einer Schul-Sport-Halle können Kinder an mehreren Tagen an einer Holzstadt mitbauen. Viele Migranten kommen gerne und Eltern schauen gerne zu. Von der

Chinesischen Mauer bis zum Eifelturm wird alles gebaut bis zu einer Höhe von 4 Metern, kein Problem.[45]

Eine gute Möglichkeit ist es, zu Weihnachten eine muslimische Familie einzuladen. Sie finden bei www.orient-dienst.de eine Anleitung, wie ein solcher Nachmittag oder Abend ablaufen kann.[46]

Oder bemühen Sie sich an einer Uni oder im Stadtzentrum um einen Büchertisch mit christlichem Inhalt, ein Kirchenflohmarkt, eine Pantomime oder ein Mini-Theaterstück auf der Straße ohne Voranmeldung.

Ein Flashmob, ein scheinbar spontaner, doch geplanter Menschenauflauf mit Musik, Bewegung oder Aktion wie z. B. einer Kissenschlacht hilft auf nette, teilweise lustige Weise, die Botschaft zu vermitteln. Oder eine Einladeaktion mit Büchertisch vor dem Supermarkt – natürlich mit Erlaubnis des Marktleiters. Manchmal wird ein kleiner Obolus dafür verlangt. Anfragen lohnt sich.

c. Deutschunterricht anbieten

Für den Deutschunterricht gibt es auf vielen Online-Seiten fertige Vordrucke, die Sie für Ihren Unterricht verwenden können. Versuchen Sie es einfach. Es ist nicht schwer. Sie beherrschen etwas, was Migranten noch nicht haben. Sie können ihnen die deutsche Sprache beibringen!

Hier finden Sie viel gutes Material[46a]: „Deutsch als Zweit- und Fremdsprache" (Österreich) bietet viele fertige Vorlagen in PDF-Format für den Unterricht mit absoluten Sprachanfängern an.[47] Für Personen mit Internetzugang können Sie an dem sehr kreativen und kostenlosen Online-Unterricht der Deutschen Welle teilnehmen. Er wird mit interaktiven Spielen, Aufgaben und Videoclips verständlich.[48] Dies ist aber eher für Personen mit einem Grundwortschatz geeignet.[49] Allerdings ist der Unterricht wohl erst mit grundlegenden Deutschkenntnissen sinnvoll.

Bei Schubert finden Sie viele Arbeitsbögen und auch die Möglichkeit zum Online Lernen für die Stufen A1-C2.[50]

Bei Hueber finden Sie online ebenfalls viele gute Kopiervorlagen zum eigenen Einsatz im Deutschunterricht.[51] Es gibt auch einen Selbstlernkurs „Deutsch für Anfänger" kostenlos als PDF.[52]

Der „Deutsch-Lerner-Blog" bietet mit vielen Videos gutes Material in verschiedenen Stufen an. Die Seite ist aber etwas gewöhnungsbedürftig aufgebaut.[53]

Für Fortgeschrittene bietet sich eine weitere Webseite an: www.wirtschaftsdeutsch.de.[54]

Die Seite von Ralf Kinas[55] ist zwar ebenfalls eher etwas für Fortgeschrittene, aber es sind auch einfache Quiz-Fragen und Tests zu finden. Die Antworten werden online eingetragen. Man kann sich aber für den eigenen Unterricht hier inspirieren lassen.

Eine ständig aktualisierte Seite des Orientdienst bietet Ihnen neue Arbeitshilfe, die Sie meist kostenlos herunterladen können: http://www.orientdienst.de/praxis/deutschlernen-fuer-migranten/.

Warum gerade die gpa–Methode?

GPA – growing participator approach, deutsche Sprache auf natürliche Weise lernen: 1. Stufe: Zuhören und verstehen lernen; 2. Stufe: Sprechen lernen.

Durch „Zuhören und verstehen lernen" als erstem Schritt werden deutliches Sprechen und konstante Erfolgserlebnisse erzielt. Da der passive Sprachschatz 10-mal größer ist als der aktive, wird so Frustrationen vorgebeugt, was gerade bei traumatisierten Menschen von immensem Vorteil ist. Da bei dieser Methode durch mündliche Aktivitäten mit anschließendem Aufnehmen am besten mit Video (fast jeder Flüchtling besitzt ein Handy mit diesen Funktionen) gelernt wird, macht diese Methode viel Spaß und wird von den Lernenden gerne angenommen. Unterschiedlicher Stand von Alphabetisierung ist irrelevant.

Durch die fröhliche Atmosphäre beim Lernen, Erfolgserlebnisse und entstehende Freundschaften werden ggf. vorhandene Traumata überwunden, wird Integration geschaffen und Gewaltpotenzial verringert. Das Erlernen der Sprache durch diese Methode hat sich vielfach bewährt.[56]

Das Online-Material ist kostenlos. Es geht um spielerisches natürliches Lernen. Deutsch wird in sechs Stufen erlernt. Material und Aufbau stehen in Englisch kostenlos zur Verfügung und müssen ins Deutsche übertragen werden. Zum Beispiel gibt es eine Liste der 502 Worte, die man – durch körperliche Aktionen oder Gesten begleitet – lernen kann[57], oder Worte mit Bildern, die Gefühle ausdrücken[58], oder Gegenstände, die man durch Bilder[59] beschreiben kann, oder Zeichnungen wie Sprechblasenbilder oder Örtlichkeiten, die man als Ausgangspunkt für Ereignisse benützen kann, die beschrieben werden sollen.

Sprachlernbücher

Als sehr einfaches und hilfreiches Alphabetisierungs-Kursbuch empfehlen wir die „ABC Schritte plus Alpha 1" bis „Schritte plus Alpha 3" (jeweils 8,99 €) und das „Bildwörterbuch Deutsch: Die 1.000 wichtigsten Wörter in Bildern erklärt" (14,99 €) von www.hueber.de. Jedem Hueber-Buch ist eine Audio-CD mit Sprachbeispielen beigelegt. Online finden sich für jede Lektion Kopiervorlagen, Lösungen und Unterrichtspläne. Diese Kurse sind auch für Personen besonders geeignet, denen das Lernen schwerfällt.

Für Fortgeschrittene wird das günstige Buch von Alfons Kleins „Kurz & bündig" empfohlen (8,- €). Das Lösungsbuch dazu ist eine gute Ergänzung (4,- €). Als Grammatik empfiehlt sich das Buch von Clamer und Heilmann „Übungsgrammatik für die Grundstufe" (9,60 €).

Bibel und Deutschunterricht

Deutschunterricht können Sie auch anhand der Bibel erteilen, wenn dies vorher offen angesprochen wurde und die Interessierten einwilligen. Dazu eignen sich Bibeltexte wie das Markusevangelium, das man dann in bis zu sieben Sprachen gleichzeitig über Beamer darstellen kann. Empfehlenswert ist es aber, in Deutsch und zwei weiteren Fremdsprachen den jeweiligen Bibelvers darzustellen und diesen mit einfachen Worten zu erklären. Hilfreich ist folgende kostenlose Software für Notebook und Beamer: BibleDesktop[60] und TheWord.

Weitere Impulse, warum Deutsch-Lernen so wichtig ist und doch ein Problem, können Sie hier erfahren (siehe die Angabe in der Anmerkung[61]).

d. Bibeln, Traktate, Plakate und elektronische Medien

Zum Jahresende hin können Sie christliche Kalender von Tür zu Tür verteilen, in Wohnblocks und Asylheimen, auf der Straße oder in Arztpraxen und Krankenhäusern auslegen. Sie sollten um Erlaubnis bei den Verantwortlichen der Einrichtung bitten. Übergeben Sie die Kalender persönlich mit einem Segenswunsch: „Ein Geschenk von uns als Gemeinde SOUNDSO. Wir wünschen Ihnen ein gutes Neues Jahr". Es ist sinnvoll, Kalender in vielen Sprachen parat zu haben. Kalenderverteilaktionen dürfen nicht zu spät im Neuen Jahr stattfinden, weil sonst viele bereits andere Kalender bekommen haben. Ablehnung ist dann nicht selten. Ideal ist die Zeit ab Anfang Dezember bis Anfang Januar. Wenn das beachtet wird, ist die Verteilaktion meist von großem Erfolg gekrönt. Nehmen Sie sich dabei auch Zeit, wenn Bewohner Sie zu einem Tee oder Gespräch einladen sollten. Gehen Sie möglichst zu zweit als Mann und Frau, im Idealfall als Ehepaar. Bezugsadressen finden sich im Anhang.

Zu Weihnachten, Ostern oder dem muslimischen Opferfest können Sie Traktate zu diesen Themen verteilen oder in Briefkästen einwerfen. Dazu sind zum Beispiel türkische Traktate beim Orientdienst erhältlich.[62]

Für besondere Literatur-Einsätze können Sie auch den Literaturbus der Mission für Süd-Ost-Europa (siehe Medienverzeichnis 10.) um Hilfe bitten, der Bibeln, Schriften und andere Medien in vielen Sprachen parat hat.

Werden Sie kreativ! Einige Anregungen: Fahrradreparatur-Angebote in der Gemeinde, Schuldner-Beratung, eine Aktion mit belegten Brötchen für Parkbesucher. Straßenkehraktionen und Ämterhilfe sind weitere Serviceleistungen, die eine Gemeinde einbringen kann. Kostenlose Friseurangebote für Jugendliche und Kinder oder Kinderfreizeiten helfen Jüngeren, mit Christen in Kontakt zu kommen.

Im Zug, in der Straßenbahn oder im Überlandbus sehen Sie zufällig einen Migranten sitzen. Dann können Sie natürlich für sich bleiben und schweigen oder ihn freundlich ansprechen: „Woher kommen Sie? Wohin soll es gehen?" So können Sie ein angenehmes nettes Gespräch beginnen, seine Biografie kennenlernen und das eine oder andere weitergeben. Da ist es gut, wenn Sie eine Visitenkarte von inyourlanguage.org oder die Infokarte des ERF Medien dabei haben, die in vielen Sprachen vielfältige Angebote bietet.[63] Früher brauchte man Traktate in vielen Sprachen, heute genügt eine Karte und jeder findet seine Muttersprache. Tolle Hilfsmittel, die man immer dabei haben kann.

Noch um das Jahr 2000 war es sehr einfach möglich, türkische Muslime in Tür-zu-Tür-Aktionen in Deutschland anzusprechen. Doch die Zeiten ändern sich. Viele fühlen sich jetzt herausgepickt. Besonders wenn wir nur türkische Traktate verteilen oder sie als Menschen mit türkischer Herkunft ansprechen. Das trifft besonders auf Muslime zu, die schon länger unter uns leben. Sie möchten zu Recht wie Ursprungs-Deutsche, -Österreicher oder -Schweizer in ihren Ländern behandelt werden, also nicht nach ihrer Herkunft „diskriminiert" werden. Deshalb ist es gut, verschiedene Aktionen nur in Deutsch oder gleich mehrsprachig durchzuführen. Das gilt weniger für das Internet, aber vor allem für persönliche Begegnungen auf der Straße, bei Verteilaktionen und Einladungen. Die Banken- und Autowerbung macht es uns vor. Sie bietet die gleichen Flyer in verschiedenen Sprachen an. Flyer mit christlichem Inhalt für Muslime können Sie beim Orientdienst bestellen. Online finden Sie hier auch einen Vorschlag für ein 11-sprachiges Traktat zur Statue von David und Goliath in Frankfurt.[64]

Eine andere Idee ist es, Neue Testamente in Deutsch und anderen Sprachen anzubieten. Dies kann bei eBay geschehen oder als Abreißangebot an öffentlichen schwarzen Brettern, wie an Universitäten.

Bei öffentlichen Grillplätzen bieten türkische Gemüse- oder Eisverkäufer den Personengruppen ihre Waren an. Auch wir können das tun – zu zweit mit einem Korb voll mit DVDs mit dem Jesusfilm oder anderen evangelistischen Filmen. Ideal ist es, wenn der Film mehrere Sprachspuren hat, wie der von Campus für Christus: der „Jesusfilm", bzw. die Version für Frauen: „Maria aus Magdala" oder für die Kinder: „Aufregung um Jesus".[65]

VisioM[66] bietet mehrere Kurzfilme an, die zum Nachdenken über Gott anregen sollen: „Pause" und „flatrate". Sie sind mit Untertiteln in vielen Sprachen versehen. Schön verpackt mit einem Segensgruß sind das auch passende Geschenke für einen Besuch. Einige dieser Filme finden Sie ebenfalls online auf youtube.com.[67]

Für Kinder gibt es auf der Internetseite der Kinder-Evangelisations-Bewegung[68] Angebote in verschiedenen Sprachen. Darunter auch eine App für Smartphones zum Anhören kurzer biblischer Geschichten in vielen Sprachen.

Großplakate können Sie über „Christlicher Plakatdienst"[69] für Ihre Stadt vor allem in den Sommermonaten buchen. Kleinere Plakate in türkischer Sprache für Ihr Auto, einen Schaukasten oder ein Fenster finden Sie unter sermon-online.de, wenn Sie im Suchfeld „Türkische Poster" eingeben.

Informieren Sie sich über Literaturverteilportale wie bookcrossing.de. Hier handelt es sich um eine weltweite Bewegung zur kostenlosen Weitergabe von Büchern aller Art an unbekannte Personen. Über eine zentrale Datenbank auf der Webseite des Projekts kann dabei der Weg des Buches von allen vorherigen Besitzern verfolgt werden. Lesen Sie mehr zu ähnlichen Projekten bei Wikipedia.[70] Öffentliche Bücherschränke, Internet-Tauschbörsen, Umsonstläden und Flohmärkte sind weitere Möglichkeiten.

Muslimische Touristen und Personen, die eine ärztliche Behandlung suchen, kommen in einige unserer Städte. Außer in ihrer Muttersprache sind sie oft nur mit Englisch zu erreichen. In München zum Beispiel gibt es im Sommer viele Araber, die vor der Hitze der arabischen Halbinsel flüchten und als Gäste zum Shoppen und für Behandlungen in Krankenhäusern für großen Umsatz sorgen. Freiwillige suchen in den Sommermonaten für einige Wochen Begegnungsmöglichkeiten. Dabei bieten sie Literatur an und verteilen QR-Karten. Dieser QR-Code kann mit dem Smartphone eingelesen werden und führt die Interessierten direkt zu einer Online-Bibel in ihrer jeweiligen Sprache. Sie können eine solche Werbekarte auch selbst erstellen, indem Sie zum Beispiel mit einem kostenlosen Code-Generator[71] auf die Internetseite von *faithcomesbyhearing*[72] verweisen.

Ein freundlicher Blick und solch eine kleine Karte können diesen Menschen weiterhelfen.

Elektronische Medien ändern sich ständig. Die muslimische Bevölkerung ist vor allem eine junge Bevölkerung und deshalb offen für neue Medien und ihre Möglichkeiten. Wie können Sie damit Menschen erreichen und mit wesentlichen Informationen des Evangeliums versorgen? MicroSD-Karten sind zwar schon etwas älter, aber auch diese können Sie mit dem Jesusfilm, christlichen Predigten und Liedern in verschiedenen Sprachen bestücken und Migranten anbieten. Fragen Sie beim Orientdienst nach, ob MicroSD-Karten in der von Ihnen gewünschten Sprache erhältlich sind. Besonders in Asylheimen werden diese gerne von Menschen genommen, die noch kaum Deutsch verstehen können. Diese MicroSD-Karten können von Interessierten sowohl am PC als auch im Smartphone benutzt werden.

Einen wichtigen Teil unserer Arbeit sollte das Bekanntmachen dieses Angebots einnehmen. Das kann durch Printmedien oder auch digital geschehen. Der Idealfall ist es, wenn Interessierte sich bei uns melden und wir ihnen dann den von ihnen selbst gewünschten geistlichen Impuls geben. Dazu müssen wir werben. Einen Rückgang gibt es bei Werbung in Printmedien wie Zeitungen. Kleinanzeigen in Zeitungen oder Online-Angebote wie eBay oder Quoka sind aber eine Möglichkeit, Literatur oder andere Medien mit geringem Kostenaufwand anzubieten.

Interessant sind größere Aktionen, die Sie allerdings nur mit einer Umsatzsteuer-Identifikationsnummer von einer Firma oder einem Verein über Google, „adWords" oder „Facebook" bewerben können. Diese Angebote sind kostenpflichtig. Sie können sie örtlich und auf Zielgruppen begrenzen. Dabei haben Sie die volle Kontrolle darüber, wie viel Sie pro Tag ausgeben möchten. Ein Abbruch der

Werbung ist zu jedem Zeitpunkt möglich. Ideal wäre es natürlich, diese Angebote auf eine eigene Internetseite zu leiten. Diese zu erstellen ist nicht sehr schwer. Zum Beispiel können Sie dies kostenlos erst einmal über Ihren Internetanbieter, de.wordpress.com oder viele andere Anbieter versuchen. Oder Sie bitten in Ihrer Gemeinde jemanden um Hilfe, eine solche Internetseite zu erstellen.

Eine ehrlich gemeinte Umfrage von Haus zu Haus hilft, Migranten besser zu verstehen. Dazu gibt es viele Umfragevorlagen beim Orientdienst. Oder Sie stellen selbst eine Umfrage zusammen zu Weihnachten, zu Ostern, zum islamischen Opferfest ...

Einige Mitarbeiter machen gute Erfahrungen mit Gefängnisbesuchen. Sie erfordern ein polizeiliches Führungszeugnis und meist eine Empfehlung des Gefängnispfarrers. Oder Sie werden Mitarbeiter beim Schwarzen Kreuz[73], „Prison Fellowship International", der „Gefährdetenhilfe" ... oder einem anderen Verein, der sich um Gefangene kümmert.

e. Moscheebesuch

Meist sind Moscheen sehr froh darüber, wenn christliche Gruppen oder Jugendkreise ihre Gebetshäuser besuchen. Es kommt selten genug vor. Melden Sie sich dazu mindestens einen Monat vorher an. Gewöhnlich sind Christen über die Freundlichkeit der Muslime in der Moschee angenehm überrascht. Aber was können Sie tun, wenn der Beauftragte der Moschee unsere Kinder und Jugendlichen einlädt, einmal den Imam-Anzug anzuziehen? Was, wenn er Kinder bittet, die Moscheekanzel zu besteigen oder das islamische Glaubensbekenntnis nachzusprechen, wodurch man eigentlich Muslim wird? Das ist ein Übergriff, den Sie als Leiter der christlichen Gruppe nicht dulden sollten. Fordern Sie den Moscheevertreter dann auf, dies zu unterlassen. Im Gegenzug möchte er ja bei einem Kirchenbesuch auch nicht, dass muslimische Kinder zum Christentum konvertieren. Nehmen Sie den Moscheebesuch oder Besuch in einem alevitischen Kulturzentrum nicht als Podium für Missionsarbeit. Aber bekennen Sie ganz offen und überzeugt Ihren Glauben, wenn es sich anbietet. Tun Sie dies in aller Kürze. Sie dürfen durchaus auch kritische Fragen vorbringen. Die Moscheeverantwortlichen rechnen damit. Sie können Fragen in Bezug auf Gewalt in der Geschichte des Islam, im Koran und Hadith und zu der Situation der Frau stellen. Viel wichtiger ist aber die Frage: „Sie haben vermutlich schon viele gute Werke gesammelt. Aber wie rechnen Sie sich eigentlich ihre Chance aus, ins muslimische Paradies zu kommen?" Seien Sie gespannt auf die Antwort. Meist wird nach dem Moscheebesuch noch Tee in der an die Moschee angegliederten Teestube angeboten. Dabei können sich auch gute Gespräche ergeben. Nutzen Sie insbesondere hier die Gelegenheit, auch vom christlichen Glauben zu erzählen und Moscheeangehörige zu Ihrer Kirche oder Gemeinde einzuladen. Als Dankesgeschenk kann der Pfarrer oder Pastor der christlichen Gemeinde eine nicht eingepackte, schöne Bibel anbieten. Diese sollte dem Verantwortlichen feierlich überreicht werden. Im Gegenzug kann es sein, dass Ihnen auch Koranausgaben angeboten werden. Diese können Sie gerne annehmen, ohne den Glauben an Christus zu verletzen. Es ist ja klar, dass Sie Christen sind.

Manche Personen aus der christlichen Besuchergruppe haben vielleicht Angst, dem Islam Zugeständnisse zu machen, wenn sie in der Moschee die Schuhe ausziehen müssen. Es geht hier vor allem um das Thema Sauberkeit. Wird doch der Teppichboden mit der Stirn berührt. Es geht ja dabei nicht um rituellen Waschungen. Für die Frauen wird manchmal ein Kopftuch verlangt. Auch das können wir ohne Probleme für den Moscheebesuch annehmen. Es geht vor allem darum, dass Männer in ihren Gebeten in der Moschee nicht abgelenkt werden. Wer trotzdem ein schlechtes Gewissen hat, dem raten wir ab, in die Moschee zu gehen. Ein schlechtes Gewissen ist kein guter Berater (Röm 14,23).

Vielleicht entwickeln sich aus einem solchen Besuch Gegenbesuche und weitere Veranstaltungen. Dadurch können viele Vorurteile von beiden Seiten abgebaut werden, und die eigentlichen Unterschiede treten zu Tage. Dabei ist darauf zu achten, dass der christliche Glaube nicht relativiert oder verleugnet wird. Vor- und Nachbesprechungen und Gebet für solche Treffen raten wir an.

Nehmen Sie als Gemeinde Teil an Stadtteilfesten, interkulturellen Festen oder auch an Dialogveranstaltungen. Machen Sie sich mit dem Hoca, dem Prediger der muslimischen Gemeinschaft ihres Ortes, bekannt. Die hauptamtlichen Lehrer wechseln alle paar Jahre ihren Einsatzort und sind oft dankbar, jemanden außerhalb ihres Moscheeumfelds kennenzulernen. Denken Sie daran, dass er vermutlich Frau und Kinder hat, die sich über Beziehungen freuen. Er würde es sicher schätzen, wenn wir ihn zu einem Ausflug einladen oder zu einem Besuch. Immer mehr muslimische Prediger sprechen auch Deutsch, so dass die Sprache kein großes Problem sein dürfte. Die Vorsitzenden einer Moschee sind oft ortsansässig und sprechen sehr gut Deutsch. Auch mit ihnen können Sie sich bekannt machen und sich ab und zu bei ihnen melden. Das heißt nicht, dass Sie die Moschee unterstützen. Es geht darum, Zugänge für das Evangelium offen zu halten.

f. Gemeinsame Gottesdienste?

Gemeinsame Gottesdienste durchzuführen, halten wir nicht für sinnvoll und möglich. Dazu sind die Unterschiede zwischen Islam und Christentum zu groß. Wir Christen feiern unsere Gottesdienste und beten im Namen des dreieinigen Gottes. Muslime sehen darin Vielgötterei und können es deshalb nicht bejahen. Wir beten Jesus Christus an als Sohn Gottes, der für uns gestorben und auferstanden ist. Das wird im Koran vehement abgelehnt. Viele Muslime sagen zwar, dass sie Jesus hochachten und ehren – aber nur als einen besonders wichtigen unter vielen anderen Propheten. Andererseits können wir als Christen eine wesentliche Grundlage des Islam nicht anerkennen: dass Mohammed der (entscheidende) Gesandte Gottes sei. Die Aussagen des Koran über Gott, das Wesen der Sünde und den Weg zum Heil etc. widersprechen in wesentlichen Punkten dem biblischen Zeugnis. Darum können wir als Christen nicht wirklich gemeinsam mit Muslimen beten und uns Gott, wie sie ihn verstehen, in der Weise, wie sie es tun, unterwerfen.

In der Gottesbeziehung geht es ja nicht einfach um Glaubensvorstellungen oder menschlich erdachte Lehren. Wer seinen eigenen Glauben – und darum auch den Glauben anderer – wirklich ernst nimmt, weiß sich in seinem Glauben und Handeln in der Verantwortung vor Gott. Da können nicht („um des lieben Friedens willen") Kompromisse ausgehandelt werden. Da kann man nicht wesentliche Glaubensgrundlagen aufgeben, um sich „in der Mitte zu treffen". Da dürfen Unterschiede auch nicht einfach verwischt werden. Es ist besser, ehrlich zu sein und einen klaren Standpunkt einzunehmen – ohne Feindschaft aufzubauen oder andere zum Annehmen des eigenen Glaubens zwingen zu wollen.

Wir sollten es vermeiden, eine „Harmonie" darzustellen, die so eigentlich nicht besteht. Interreligiöse Feiern, z. B. gemeinsame Friedensgebete", werden oft – bewusst oder ungewollt – so verstanden, als ob Christen und Muslime miteinander zu einem gemeinsamen Gott beten. Dadurch entsteht auch in der Öffentlichkeit ein falscher Eindruck. Denn die Gottesvorstellung des Islam ist nicht mit der des Christentums identisch. Die richtige Konsequenz daraus kann nur sein, auf gemeinsame gottesdienstliche Feiern zu verzichten.

g. Vom netten „Plausch" bis zu heißen Debatten

Die Art und Weise, wie wir das Evangelium inhaltlich vorstellen, kann je nach Bedarf stark variieren. Wir können einerseits soziale Dienste anbieten, bei denen bewusst nicht evangelisiert wird. Höchstens bei Rückfragen wird Antwort gegeben und auf den persönlichen Glauben und die Lebenspraxis als Christ hingewiesen. Andererseits können Debatten geführt werden, in denen der christliche Glaube verteidigt (Apologetik) und sogar der Islam angegriffen wird (Polemik). In jedem Fall müssen wir uns selbst fragen, welcher Stil am besten zu uns passt. Welche Begabung hat Gott Ihnen geschenkt? Was möchte Gott von Ihnen? Nicht jeder ist ein Evangelist oder Debatten-Redner, aber jeder kann erzählen, was Jesus Christus in seinem Leben getan hat. Finden Sie Ihren Platz zu Ihrer Zeit!

In öffentlichen Debatten, auch im Internet, ist es ratsam, sich klar zu machen, dass auch der scheinbar Böswilligste ein von Gott erschaffener und geliebter Mensch ist. Selbst wenn er sich in seinen Äußerungen nicht so verhält. Denken Sie daran, dass Ihre Worte wahrscheinlich von anderen gelesen oder gehört werden, von denen Sie gar keine Ahnung haben. Schreiben und sprechen Sie immer so, als würde Gott Ihnen zuhören – und er tut es ja! Wir sollten auch mit denen liebend umgehen, die uns nerven. Das erfordert viel Geduld und Selbstbeherrschung und unser Bemühen, ihre Gedankengänge zu verstehen. Und trotzdem sollen wir fest verankert sein in der biblischen Wahrheit. Nur so können wir sinnvoll auf andere eingehen. Das heißt nicht, dass wir ihre islamischen Ansichten übernehmen, aber sehr wohl, dass wir uns in sie hineindenken, um zu retten, was verloren ist. Denn so sieht Gott Muslime, Atheisten, Hindus, Buddhisten und viele andere (z. B. Jes 45,21; Joh 14,6).

Leider sind im Internet die Debatten wesentlich weniger von Selbstbeherrschung und Geduld gekennzeichnet als in der persönlichen Begegnung. Die Anonymität verleitet dazu. Hier gilt es für Christen trotzdem, in ihren Kommentaren auf Youtube und anderen Plattformen freundlich, aber bestimmt zu bleiben. Zu empfehlen sind Videos in Deutsch von „bibelundkoranteam"[74]. Weitere Links finden Sie auf der Orientdienst.de-Seite.[75] Viele falsche Behauptungen von muslimischen Predigern werden hier entlarvt. Weisen Sie im Gespräch mit Muslimen auf diese Videos hin, wenn bestimmte Behauptungen zur Sprache kommen! Bilden Sie sich selbst weiter auf dem Gebiet der Argumentation mit Muslimen. Sie werden diese ab und zu brauchen. Muslime fordern unseren christlichen Glauben heraus, und wir sollten auf gute Weise Rede und Antwort stehen können.

Sie können als christliche Gemeinde mit einer muslimischen Gemeinde zu einigen Diskussionsabenden zusammenkommen. Geeignete Themen sind zum Beispiel: „Wer ist Gott? Wer ist Jesus Christus? Was ist ein Prophet? Was ist das Wort Gottes? Was hilft unserer Gesellschaft?" Die Veranstaltung kann abwechselnd in der Moschee und der christlichen Gemeinde stattfinden. Ein christlicher und muslimischer Redner halten einen ca. 25-minütigen Vortrag zum selben Thema, anschließend gibt es die Möglichkeit zum Austausch bei Tee und Gebäck. Christliche Literatur in verschiedenen Sprachen kann auf einem Büchertisch angeboten werden.

h. Drohungen, was dann?

Manche nominelle Christen und Atheisten bekehren sich zum Islam – und dokumentieren das online in Videoclips. Umgekehrt kommen auch Muslime zum Glauben an Christus, aber durch die reale Verfolgungsgefahr werden diese Ereignisse weniger öffentlich gemacht. Insbesondere iranische Muslime werden oft Christen, weil sie vom Islam enttäuscht sind.

Manche christlichen Bemühungen werden von meist salafistischen Einzeltätern angegriffen. Es kommt vor, dass sogar Gewalt angedroht wird. Als Christen sollten wir diese verbalen oder physischen Angriffe ernst nehmen, aber darauf nicht überreagieren. Jesus hat uns darauf vorbereitet. In seinem Sinne sollten wir mit Festigkeit und Liebe antworten. Das schließt nicht aus, wenn nötig, die Polizei einzuschalten. Auf keinen Fall sollten wir uns einschüchtern lassen und in unseren Bemühungen nachlassen. Denn wir werden einen großen Lohn dafür erhalten, wenn wir zu Unrecht beschimpft und verfolgt werden. Jesus sagt sogar, dass wir uns in einem solchen Fall freuen dürfen (Lk 6,22f). Wenn so etwas passieren sollte, beten Sie für die Angreifer und bitten Sie Gott, dass er ihnen Gutes tut und sie zur Umkehr führt. Oftmals fürchten wir uns vor Dingen, die so gut wie nie eintreffen. Aber wenn ein physischer Angriff gegen uns doch einmal vorkommt, befinden wir uns mitten im Willen Gottes. Wir haben ja sein Reich gesucht und seinen Willen (Mt 6,33). Etwas anderes ist es natürlich, wenn wir selbst uns unsensibel, manipulierend und boshaft verhalten haben. Dann dürfen wir uns über solche Reaktionen nicht wundern. In diesem Fall ist der einzige Weg unsere Umkehr zu Gott, zu seiner Vergebung, und ein Neuanfang. Wir sollten uns dann entschuldigen und uns um Versöhnung bemühen. Dazu kann ein Vermittler eingeschaltet werden, der die Brücke baut.

5

Aufnahme von Konvertiten
in christliche Gemeinschaften

a. Taufe

Immer mehr christliche Gemeinden werden von Menschen mit muslimischem Hintergrund angesprochen, die getauft werden wollen.

Spätestens an diesem Punkt wird deutlich, dass es bei der Begegnung von Muslimen und Christen nicht nur um eine individuelle persönliche Beziehung geht. Die ganze Gemeinde wird davon betroffen. Im Orient bekommt eine Gemeinde zum Teil enormen Druck von Seiten der muslimischen Bevölkerung zu spüren, wenn sie ehemalige Muslime tauft und aufnimmt.

Die Taufe eines ehemaligen Muslims ist ein wichtiger geistlicher Schritt. Er bekennt sich damit, selbst wenn sie in kleinem Kreis geschieht, vor anderen Menschen ganz klar zu seinem Glauben an Jesus Christus. Er löst sich damit vom Islam. Außerdem hat sie weitreichende soziale Konsequenzen. Zum einen gilt dies für die Beziehung der Gemeinde zu den Muslimen in ihrer mehr oder weniger starken muslimischen Umgebung und natürlich besonders für den Täufling. Wenn ein Konvertit sich taufen lässt, wendet er sich damit nicht nur von der Religion Islam ab, sondern er vollzieht zugleich einen Bruch mit der muslimischen Gemeinschaft. Das sollten sich auch diejenigen bewusst machen, die meinen, der Taufe keine geistliche Bedeutung zumessen zu sollen, sondern sie nur sozial als

„Aufnahme in die (christliche) Gemeinschaft" und als „Zeichen der Zugehörigkeit" verstehen.

Wie reagieren Angehörigen, Freunde, Bekannte – bis hin zu muslimischen Arbeitgebern, Beamten, Ärzten – wenn ein Konvertit sich taufen lässt? In der Regel werden sie darin keine persönliche Glaubens- und Gewissensentscheidung sehen, zu der jeder Mensch berechtigt ist (vgl. Artikel 18 der Allgemeinen Erklärung der Menschenrechte). Sie empfinden die Abkehr vom Islam vielmehr als eine Beleidigung der muslimischen Gemeinschaft, als Provokation und feindlichen Akt, auf den sie nur mit Feindschaft und Härte reagieren können. Sie reagieren mit der Verstoßung dessen, der sich vom Islam losgesagt hat. Mit der Schändung dessen, der dem Islam Schande macht. Und unter Umständen mit physischer Vernichtung dessen, der den Islam für nichts achtet.

Eine Gemeinde, die ehemalige Muslime tauft, sollte in zwei Richtungen gründlich nachdenken:

1) im Blick auf die Person, die sich taufen lassen will. – Wie können wir dieser Person helfen zu erkennen, ob sie das Evangelium wirklich verstanden hat? Ist sie durch den Glauben an Jesus Christus von neuem geboren worden (Joh 3,13; 2Kor 5,17)? Hat sie angefangen, in einer lebendigen Beziehung zu Gott als ihrem himmlischen Vater zu leben? Dabei geht es weder um eine Überprüfung der „Rechtgläubigkeit", noch um eine Infragestellung des persönlichen Glaubens. Wer sich als ehemaliger Muslim taufen lässt, muss mit allen möglichen Angriffen rechnen. Um darin nicht persönlich Schaden zu nehmen, ist es nötig, einen möglichst festen Halt zu haben. Ein solcher Halt besteht nicht zuerst im intellektuellem Überzeugtsein, dass das Christentum die bessere Religion ist. Auch nicht in einem starken Willensentschluss oder in allerlei Überlegungen, wie man sich vor Anfeindungen schützen kann.

Halt geben kann nur Gott selbst und ein von seinem Geist gewirktes Vertrauen, ein Kind Gottes zu sein. Im Blick auf seine „Schafe" sagt Jesus Christus (Joh 10,28f): „Niemand wird sie aus meiner Hand rauben. Mein Vater, der sie mir gegeben hat, ist größer als alle, und niemand kann sie aus der Hand meines Vaters rauben."

Ich kann mich an ein Gespräch erinnern, in dem klar wurde, dass der an der Taufe Interessierte das Evangelium nicht wirklich verstanden hatte. Er interessierte sich eigentlich auch gar nicht dafür, sondern aus irgendwelchen Gründen, die er nicht offen nannte, wollte er getauft werden. In dieser Situation haben wir um dieses Menschen und seiner zukünftigen geistlichen Entwicklung, aber auch um des Evangeliums willen, die Taufe verweigert.

Damit der Täufling seine eigene Motivation überprüfen und im Glauben gefestigt werden kann, ist ein Taufkurs sehr hilfreich. Dieser sollte, wenn irgend möglich, angeboten oder sogar zur Bedingung gemacht werden. In dieser Vorbereitungsphase können wir mit dem Täufling seine Hinwendung zu Jesus Christus in wenigen Worten niederschreiben. Wenn eine geistliche Einsicht fehlt, können wir diese vermitteln und, falls noch nicht geschehen, ein Gebet vorschlagen, das ein Bekenntnis der Sünden und eine Hinwendung zu Christus beinhaltet.

In Türkisch bietet der Orientdienst ein Buch zur Taufe an.[76] In Deutsch ist eine Taufanleitung für Asylsuchende erhältlich bei der Vereinigung der Freikirchen (VEF) und dem Kirchenamt der Evangelischen Kirche (EKD). Die Handreichung gibt einige gute Tipps, die man im Vorfeld beachten sollte. Impulse, wie die Taufe selbst vonstattengehen kann, runden die 28-seitige Broschüre ab. Sie können diese kostenlos aus dem Internet herunterladen[77/78].

Weitere geeignete Taufkurse bzw. Hilfen zur Taufvorbereitung:

- Glauben Wagen, Deutsch-Persisch, Oncken-Verlag, zweisprachiger Taufkurs, der aber nicht speziell auf Muslime zugeschnitten ist. Es fehlen zum Beispiel spezielle Erklärungen zum Kreuz und zur Sohnschaft von Jesus Christus[79].
- PDF Arabisch-Deutscher Taufkurs erhältlich bei der EMO.[80] Er enthält das Glaubensbekenntnis, Vaterunser, 10 Gebote.
- SELK, Kleiner Katechismus in Deutsch und Persisch[81]
- EKD Handreichung zum Umgang mit Taufbegehren von Asylsuchenden. Diese Handreichung enthält viele gute Tipps. Im Asylverfahren kann die Taufe sehr wichtig sein, eventuell für Konvertiten zum entscheidenden Grund für ihre Anerkennung werden. Gerade deshalb ist Vorsicht ist geboten. Wer getauft werden will, sollte einen Taufkurs durchlaufen, sechs Monate oder länger. Denn Richter prüfen die Echtheit der Konversion sehr gründlich, auch mit theologischen Fragen zur Dreieinigkeit etc.[82]
- *Sharing the Gospel with Muslims*, Gilchrist, empfiehlt, immer die Bibel bzgl. eines bestimmten Propheten zu lesen: Was sagt die Bibel, was der Koran zu der Person? An wichtigen Stellen finden sich immer Unterschiede. Und wenn man auf solche stößt, betrifft es immer Kernaussagen des Evangeliums, die im Koran weggelassen sind. Als PDF bei der EMO erhältlich oder online.[83]

2) im Blick auf die Gemeinde. – Wie werden wir die Person, die wir taufen, aufnehmen und schützen können? Falls ein Konvertit von seiner Familie verstoßen wird und sein Zuhause verliert, wenn eventuell seine Frau sich von ihm trennt, braucht er ein neues Zuhause und eine neue Familie. Gleiches gilt ebenso für eine Frau, die aus dem Islam zum christlichen Glauben konvertiert. Die meisten

Menschen aus dem Orient sind ein Leben als Single nicht gewohnt. Sie brauchen eine familiäre Umgebung als Lebensraum. Können sie in der Gemeinde Familienanschluss finden, eventuell eine Weile bei einer Familie wohnen oder zumindest regelmäßigen persönlichen Kontakt haben, auch abends, und in vielerlei Dingen praktische Hilfe bekommen?

Auch wenn es nicht zu starker Bedrohung oder Verfolgung kommt: Viele ehemalige Muslime verlieren ihren Freundeskreis oder werden in der eigenen Familie zu Fremden. Sie brauchen Gemeinschaft, die über den sonntäglichen Gottesdienst und eventuell eine Bibel- oder Gebetsstunde in der Woche hinausgeht. Miteinander zu essen und viel Zeit zum Gespräch zu haben, ist förderlich für das seelische Wohlbefinden und für das geistliche Wachstum.

b. Gemeinschaft über die Veranstaltung hinaus

Ein Mitarbeiter berichtet: Vor einigen Jahren kam Tamer (Name geändert) aus dem Orient zum lebendigen Glauben an Jesus Christus. Da seine Familie sehr religiös ist und in der Tradition des Prophetennachfolgers Ali steht, bedeutete dies eine große Schande für sie. Da Tamer aber an seinem ‚neuen‘ Glauben festhielt, musste er fliehen. Er freut sich sehr, hier in Deutschland praktizierende Christen zu finden, die ihm eine neue Heimat und Ersatzfamilie bieten! Der Anschluss an eine lokale Gemeinde bedeutet ihm viel, und er hat dadurch schon viel Liebe und Zuwendung erfahren. Auch meinen wöchentlichen Besuch schätzt er sehr. Dabei geht es nicht nur um geistliche Gemeinschaft, das Lesen des Wortes Gottes, sondern wir reden über praktische Lebensfragen, seine Zukunftsperspektive und vieles mehr. Ich erkläre ihm, wie unser Staat funktioniert und bin ihm in der Sprache behilflich. Auch das gehört zum Leben und es trägt zum besseren Wohlbefinden bei.

Eine pakistanische, christliche Familie kam in unsere Gegend. Kurz nach ihrer Ankunft bekam Frau Melek (Name geändert) Diabetes und musste stationär behandelt werden. Eine Frau aus der Gemeinde besuchte sie öfters im Krankenhaus und kümmert sich seither vorbildlich um sie. Dies tut ihr gut. Frau Melek betrachtet sie wie ihre große Schwester. Sie leidet sehr unter der Beeinträchtigung des Augenlichtes, auch unter dem Auf und Ab mit dem Blutzucker. Das alles ist für Frau Melek nicht einfach. Umso wichtiger ist diese Begleitung. Inzwischen kommt die ganze Familie regelmäßig zu uns in die Gemeinde; sie haben guten Anschluss gefunden.

c. Ein Team aufbauen

In der Regel kann eine Einzelperson oder eine Familie allein eine solche Beziehungspflege nicht bewältigen. Da ist es hilfreich, möglichst ein Team aufzubauen, das gemeinsam die praktischen und geistlichen Herausforderungen schultert. Vergleiche auch „Gottes Auftrag an die ganze Gemeinde".

d. Annahme, Integration, Anpassung?

Ein Konvertit aus dem Islam bringt in der Regel auch seine Kultur mit, die mehr oder weniger stark vom Islam geprägt ist. Muss er nun, wenn er ein Leben mit Jesus Christus beginnt und zu einer christlichen Gemeinde gehören will, alle Elemente seiner Kultur ablegen und sich der „christlichen Kultur" anpassen? Darf ein konvertierter Türke Türke bleiben? Ein Marokkaner Marokkaner? Ein Syrer Syrer? – Ja!

Dazu müssen wir uns Folgendes deutlich machen:

- Eine für alle Zeiten und Völker gleichbleibende „christliche Kultur" gibt es nicht. Äußere Ausdrucksformen für das Christsein vom Liedgut im Gottesdienst bis zum Stil der persönlichen Kleidung können sich ändern. Uns ist unsere „Kultur" nur meist nicht bewusst und wir halten sie für selbstverständlich und „normal".

• Unsere „christliche Kultur" in Europa ist stark mitgeprägt von der jeweiligen Volkskultur und von aktuellen Moden und Vorlieben.

Deshalb dürfen wir von keinem Konvertiten erwarten oder gar fordern, sich in allem unserer Kultur anzupassen. Eher müssen wir gemeinsam überlegen, wie wir in unserer Zeit unser gemeinsames Leben als Christen entsprechend dem Vorbild unseres Herrn Jesus Christus und unter der Leitung seines Geistes gestalten können.

Das wichtigste Gebot ist das der Liebe zu Gott und unserem Nächsten. In solcher Liebe sollen wir in der Gemeinde Menschen annehmen, die aus dem Islam heraus unsere Geschwister im Glauben geworden sind. Wir sollen ihnen helfen, ihren Platz in der Gemeinde zu finden. Dazu ist gewiss gegenseitige Rücksichtnahme nötig. Das gilt auch im Blick auf kulturelle Gewohnheiten. Eine einseitige Forderung der Anpassung an unsere „Gemeinde-Kultur" ist weder hilfreich noch geistlich zu begründen.

Im Folgenden nennen wir konkret einige Lebensbereiche, in denen es manchmal zu Spannungen kommt:

1) Essen und Trinken
Auch wenn für Konvertiten das islamische Verbot von Schweinefleisch nicht mehr gilt, bedeutet das nicht, dass sie nun Schweinefleisch oder mit Schweinefleisch zubereitete Nahrungsmittel mögen. – Jemand, der selber gerne sein Bierchen oder sein Glas Wein trinkt und auch einem Konvertiten davon anbieten will, sollte sich überlegen: ‚Diese Person ist bisher den Umgang mit Alkohol nicht gewohnt;

wenn ich ihr Alkohol anbiete, muss ich unter Umständen auch bereit sein, sie einen verantwortlichen Umgang mit Alkohol zu lehren.' Es hat mich sehr betrübt zu sehen, wie Menschen, die meinten, es gehöre zu ihrer „christlichen Freiheit", Alkohol trinken zu dürfen, in Alkoholprobleme geraten sind. Das ist weder für die Person selber gut noch ein positives Zeugnis für andere. – Man muss auch nicht so tun, als sei die Forderung, „alles zu essen, was auf den Tisch kommt", ein grundlegendes christliches Gebot.

2) Materielle Hilfe

Was man gibt, ist für Menschen im Orient immer auch Ausdruck für die Beziehung. Aus „Sparsamkeit" etwas zu geben, das „jedenfalls besser ist als nichts", kann als Geringschätzung oder gar Beleidigung empfunden werden. Etwas „leicht" Beschädigtes, Gebrauchtes, dem man deutliche Spuren des Gebrauchs ansieht, altmodische Kleidung, wie sie sonst niemand trägt, ... das sind Geschenke, die bestimmt keine Freude auslösen. In diesem Zusammenhang sollten wir nicht vorschnell etwas als verwerflichen Stolz verurteilen, was eher mit dem Empfinden für menschliche Würde zu tun hat.

Mit Geld helfen? Jemandem Geld zu leihen, kann eine Beziehung sehr belasten. Wenn zum Beispiel der Schuldner sich bei jeder Begegnung daran erinnert, dass er das Geliehene immer noch nicht zurückzahlen kann. Oft ist es besser zu zeigen, wie man in der gegebenen Situation die Ausgaben geringer halten kann. Das kann geschehen durch Hinweise auf günstige Einkaufsmöglichkeiten, Lebensmittel von einer „Tafel" und so weiter. Eventuell auch einen wirklich kleineren Betrag „auszuleihen". Wichtig ist, dass wir die entsprechende Person oder Familie in ihrer Not nicht alleine lassen, sie aber auch nicht von uns persönlich abhängig machen. Auf keinen Fall soll der Eindruck vermittelt werden, wir würden Menschen für den Glauben an Jesus Christus „kaufen".

3) Seelsorge und Lebenskorrektur

Im Rahmen der Schamkultur werden heikle Verhaltensfragen und sogar Kritik an konkretem Fehlverhalten – natürlich ohne Namensnennung! – eher allgemein angesprochen. Das kann eher im Rahmen einer Gemeinde „von vorne" beziehungsweise „von der Kanzel herab" geschehen als persönlich unter vier Augen. Letzteres könnte sonst „Gesichtsverlust" bedeuten. Man muss sich schämen, so direkt mit Versagen oder Schuld konfrontiert zu werden.

Wenn ein Orientale bei der Lebensübergabe an Jesus Christus oder in einem seelsorgerlichen Gespräch Schuld nicht „beim Namen nennt", bedeutet das in der Regel nicht mangelnde Sündenerkenntnis oder Unaufrichtigkeit. Gewöhnlich wird Schuld – und die damit verbundene Schande – sogar sehr tief empfunden. In der Schamkultur ist es aber völlig undenkbar, sich mit einer konkreten „Beichte" vor einem anderen zu entblößen. Auch in einem Versöhnungsgespräch werden oft Dinge nicht „konkret ausgeräumt". Es wird nicht im Einzelnen gesagt, wofür man um Vergebung bittet und worin man die eigenen Fehler sieht. Und es wirkt eher peinlich, wenn der Andere noch einmal „auftischt", worin er nun seine Schuld erkennt. Sich im Allgemeinen Vergebung zuzusprechen, mag „oberflächlich" erscheinen. Für viele im Orient aufgewachsene Menschen, auch von christlichem Hintergrund, ist es aber zunächst einmal einfach nicht anders möglich. Ob deshalb, wie wir Europäer dann schnell vermuten, eine Versöhnung nicht echt und tief ist, wird sich erst zeigen müssen. Wenn es nötig ist, beim Schuldbekenntnis mehr ins Detail zu gehen, müssen von der Schamkultur geprägte Menschen das erst allmählich und in einer vertrauten und möglichst angstfreien Atmosphäre lernen. Und wir müssen lernen, Schamgrenzen nicht durch zu große „Offenheit", „Direktheit" oder „Wahrhaftigkeit" zu verletzen.

Bei persönlichen Konflikten kann es hilfreich sein, eine Person, die auf beiden Seiten Vertrauen genießt, zur Vermittlung einzuschalten. Aber in keinem Fall sollten wir den Konflikt „breittreten"!

4) Coaching

Das Buch von Horst Pietzsch „Welcome Home: Aischa und Ali finden Jesus – Was nun?" (Pietzsch, 2008) behandelt sehr hilfreich alle Fragen rund um das Thema Konvertiten. Zum Beispiel unter der Überschrift „Gute Werke und Reinheit" rät Pietzsch: „Wegen seines Hintergrunds fällt der Neubekehrte leicht in eine Art Gesetzlichkeit zurück, entweder gegen sich selbst oder gegenüber den anderen Christen. Er muss dazu ermuntert werden, die Vertrauensbeziehung zu Jesus Christus, die auf Gottes Gnade und Liebe beruht, weiter zu entwickeln und zu vertiefen."

Die Thematik „Begleitung von Konvertiten" kann hier nicht weiter entfaltet werden. Deshalb weisen wir an dieser Stelle nur empfehlend auf das Buch von Pietzsch hin.

5) Umgang mit volksislamischen Denkmustern, Aberglaube und Okkultismus

Wie ein ehemaliger Muslim gewohnt war, zu handeln, wie er bisher dachte, welche abergläubigen oder okkulten Handlungen an ihm vollzogen wurden oder er selbst vollzogen hat, trägt er als Prägung, als Bindung in sich. Mit dem Christwerden sind diese nicht automatisch beseitigt. Den neuen Menschen gilt es „anzuziehen" (Eph 4,24). Das ist ein lebenslanger Prozess (Horst Pietzsch, „Welcome home", S. 152). Grundsätzlich ist ein Bekennen

(Aberglaube, Götzendienst, okkulten Praktiken ...), ein Lossagen (gegenüber Ansprüchen Satans auf das Leben von Konvertiten) und ein dankbares In-Anspruch-Nehmen der neuen Freiheit nötig.[84]

Menschen aus dem Orient lernen vor allem durch Vorbilder. Darum ist für ihr geistliches Wachstum mehr nötig als das gemeinsame Hören einer Predigt. Sie brauchen Möglichkeiten zur persönlichen Begegnung bei gemeinsamen Mahlzeiten oder Aktivitäten, bei denen sie miterleben können, wie andere sich verhalten. Sie sollten beobachten können, wie zum Beispiel im Rahmen einer Gemeinde zwischenmenschliche Spannungen abgebaut und Konflikte beigelegt werden, wie Christen füreinander beten und einander ermutigen etc.

Welche Gemeinden sind am besten geeignet, ehemalige Muslime aufzunehmen und in ihrem geistlichen Wachstum zu begleiten? Es gibt mehrere denkbare Modelle.

e. Gemeindemodelle

1) Man strebt das Ziel an, möglichst rasch sprachlich und kulturell homogene Migrantengemeinden aufzubauen. Predigten, Bibelstudium, Lieder und Austausch in der Muttersprache fördern das persönliche Wachstum im Glauben natürlich am meisten. Der Kontakt mit Glaubensgeschwistern, die den gleichen kulturellen Hintergrund haben, hilft am ehesten, Formen für Gottesdienste und für die persönliche Lebensgestaltung zu finden. Diese werden als der eigenen Kultur angemessen und nicht zu „fremd" oder „übergestülpt" empfunden. Ja, zum Teil können nur Konvertiten aus dem gleichen Hintergrund verstehen, was ein junger Gläubiger durchmacht und welche Anfechtungen ihn quälen. Für sie ist klar, welche Elemente der Herkunftskultur beibehalten werden können und welche für das Leben in der Nachfolge eher hinderlich sind.

Außerdem ist am ehesten zu hoffen, dass solche Gemeinden ein Anliegen haben, ihre Landsleute mit dem Evangelium zu erreichen, und dafür auch die besten Voraussetzungen mitbringen.

Die Gründung solcher Gemeinden setzt natürlich voraus, dass mehrere Konvertiten aus der gleichen Volksgruppe in nicht zu großer räumlicher Entfernung wohnen und dass Personen vorhanden sind, die eine Gemeinde leiten und geistlich versorgen können. Als ein gewisser Ersatz können Hauskreise, Chatrooms, Skype-Hauskreise oder regelmäßige Konferenzen in der jeweiligen Muttersprache dienen. Auch entsprechende Kontakte über soziale Netzwerke wie Facebook oder Twitter können helfen.

Solche Gemeinden, die Sprache und teilweise Kultur ihres Herkunftslandes beibehalten, sollten jedoch intensiven Kontakt zu deutschen Gemeinden pflegen. Schon die nächste Generation wird mehr Deutsch als Türkisch, Arabisch oder Farsi sprechen und sich in der deutschen Kultur zurechtfinden müssen. Oft erfolgt in solchen Gemeinden das Kinderprogramm beziehungsweise der Kindergottesdienst schon in Deutsch.

2) In vielen Städten sind, entsprechend der multikulturellen Bevölkerung, internationale Gemeinden entstanden. Manche Konvertiten aus dem Islam mögen sich in solchen Gemeinden am wohlsten fühlen. Idealerweise dominiert nicht eine einzelne Kultur. Man einigt sich natürlich auf eine gemeinsame Haupt-Sprache, oft Englisch. Doch sind sich alle mehr oder weniger bewusst, dass hier Menschen aus unterschiedlichen Hintergründen zusammenkommen. Es gibt keine eingefahrenen Traditionen. Man muss gemeinsam neue Wege finden, als Gemeinde zusammen zu leben. Man wird versuchen, sich dabei vor allem an biblischen Mustern und Maßstäben zu orientieren.

Nationale Eigenheiten werden nicht sehr stark betont, eher bewusst in den Hintergrund gerückt. Man ist offen für alle Menschen und deshalb auch bereit, alle einzuladen und ihnen das Evangelium weiterzusagen. Wenn das internationale Zusammenleben gelingt, ist das ein lebendiges Zeugnis, wie Jesus Christus im „Leib" seiner Gemeinde Menschen aus allen Völkern vereint. Dies ist auch für viele Deutsche attraktiv.

3) Manchmal finden sich in einer deutschen oder internationalen Gemeinde einige Konvertiten mit gleichem sprachlichem oder nationalem Hintergrund. Gewöhnlich merken sie dann, wie wohltuend es für sie ist, in ihrer Muttersprache mit Geschwistern reden zu können, die eine ähnliche Denkweise oder einen vergleichbaren Erfahrungshintergrund haben. So können sich nationale bzw. Sprach-Ausländergruppen in deutschen Gemeinden oder nationale „Sub-Gemeinden" in internationalen Gemeinden bilden. Hier verbinden sich zwei Vorteile miteinander: a) Sie gehören zu einer größeren Gemeinde. Das heißt, sie sind nicht nur ein kleines „Grüppchen", haben viele Kontakte, erfahren vielerlei Hilfe und können Räumlichkeiten mitnutzen. Hier ist die Wahrscheinlichkeit auch höher, dass sie sich mit ihren eigenen Gaben einbringen. b) Sie können das Positive genießen, das die enge Gemeinschaft in einer kleinen, vertrauten Gruppe bietet.

Im gemeinsamen Gottesdienst oder bei anderen Veranstaltungen für die ganze Gemeinde ist dann vermutlich die Übersetzung der Predigt beziehungsweise wichtiger Redebeiträge in verschiedene Sprachen nötig.

Wenn die einzelnen Gruppen immer wieder einmal mit Liedern in ihrer Sprache oder anderen für ihre Kultur typischen Beiträgen in Gemeindeveranstaltungen „vorkommen", wirkt das belebend und stärkt die Gemeinschaft.

4) Manche Konvertiten schließen sich bewusst einer deutschen Gemeinde an. Sie sehen für sich und ihre Kinder keine Zukunft in ihrem Heimatland und möchten über die deutsche Gemeinde auch den Anschluss an die deutsche Gesellschaft finden. Das Zusammenleben mit deutschen Geschwistern bedeutet für sie einen Anreiz und eventuell auch Hilfe, die deutsche Sprache zu erlernen, die deutsche Kultur kennenzulernen und hier heimisch zu werden. Bei manchen spielen dabei negative Erfahrungen mit Menschen ihrer Herkunftskultur eine Rolle oder die Angst, selbst hier im Westen von fanatischen Landsleuten verfolgt oder zumindest bespitzelt und bedroht zu werden.

In dieser Situation steht die deutsche Gemeinde vor einer doppelten Herausforderung:

a) die fremdsprachigen ausländischen Geschwister mit Migrationshintergrund wirklich an- und aufzunehmen. Sie dürfen sie weder in Worten noch in Gedanken als „Fremde" oder „Ausländer" bezeichnen. Es ist wichtig, ihnen das Gefühl zu geben, dass sie ganz dazugehören!

b) zugleich ernst zu nehmen, dass sie eine andere Prägung mitbringen. Sie darf von ihnen nicht die völlige Anpassung erwarten. Sondern sie sollte vielmehr lernen, in Liebe ihre besonderen Bedürfnisse wahrzunehmen und auf sie einzugehen.

Keines dieser Modelle ist das einzig mögliche. In allen Gemeinden wird es nötig sein, intensiv daran zu arbeiten, „die Einheit des Geistes zu bewahren durch das Band des Friedens" (Eph 4,3).

Eine hilfreiche Broschüre zu den verschiedenen Gemeindemodellen hat AMIN herausgegeben mit dem Titel: „Gemeinsam Gott loben".[85]

Ein wesentliches Ziel dabei ist, auch den Konvertiten aus dem Islam zu helfen, geistlich so zu wachsen, dass sie aktiv ihren Platz in der Gemeinde einnehmen können. Sie sollen lernen, wie sie einander dienen können, und auch befähigt werden, anderen das Evangelium weiterzusagen und Menschen „zu Jüngern zu machen" (Mt 28,19). Die Verantwortlichen einer Gemeinde werden überlegen, wie Konvertiten zur Mitarbeit ermutigt und angeleitet werden können. Es kann vorkommen, dass ein Konvertit unbedingt vorne stehen und reden oder leiten möchte. Um seiner eigenen gesunden geistlichen Entwicklung willen wäre es jedoch gut, wenn er vor allem lernt, anderen in Liebe und Demut zu dienen. Wo Stolz einen Mitarbeiter motiviert, wird er leicht verwundbar, und leitende Personen sind oft besonderen Angriffen ausgesetzt. Gereifte und im Glauben gefestigte Konvertiten können aber sehr wohl auch mit Leitungsaufgaben betraut werden.

f. Gemeinden und Konvertiten – gegenseitige Erwartungen

Besuchen Konvertiten unsere Gemeinde, ist das in mancher Hinsicht eine große Bereicherung. Doch es bringt Veränderung auf beiden Seiten mit sich. Noch wird dies zu wenig gesehen. Die Erwartung seitens der mehrheitlich deutsch geprägten Christen, Konvertiten hätten sich „geräuschlos" zu integrieren, sollte kritisch überdacht werden. Konvertiten verstehen zum Beispiel nicht auf Anhieb, warum bestimmte Dinge so oder so gemacht oder gesagt werden. Sie tun sich in der Regel schwer, wenn sie von Gemeindegliedern nie oder selten zum Essen eingeladen werden. Ein Lernen in Rücksichtnahme und Entgegenkommen muss von beiden Seiten in Gang kommen. Die weltweite Gemeinde, der Leib von Christus, hat multi-kulturellen Charakter. Da haben alle Platz und jeder hat darin seine besondere Funktion und Verantwortung.

Ein Lied in ihrer Sprache singen: Eine Zeit lang sangen wir in unserem Gottesdienst neben deutschen mehrere englische Lieder, obwohl wir keinen Besuch aus England hatten. Da junge Menschen in der Schule Englischunterricht haben und viele diese Lieder mögen, ist es ja durchaus berechtigt. Doch warum nicht auch einmal ein Lied oder eine Strophe in der Sprache von Migranten lernen und anstimmen, die tatsächlich anwesend sind: zum Beispiel in Spanisch, Türkisch, Rumänisch oder Polnisch?

Verantwortung der Gemeinden für Muslime

Wir haben bisher im Wesentlichen Einzelne angesprochen. Denn es sind in der Regel Einzelpersonen, die in Kontakt mit Muslimen kommen. Sie fühlen sich herausgefordert, auf deren Fragen über den christlichen Glauben zu antworten. Oder Gott macht es Einzelnen wichtig, Muslimen das Evangelium weiterzusagen. Nur selten sehen bisher ganze Gemeinden ihren Auftrag, auch Muslime zum Glauben an Jesus Christus einzuladen.

a. Gottes Auftrag an die ganze Gemeinde

Gottes Auftrag, allen Menschen das Evangelium zu bringen, gilt jedoch nicht nur einzelnen Christen. Er richtet sich an die ganze Gemeinde. Wenn in der Nähe einer Gemeinde eine größere Zahl von Muslimen wohnt, sollten sich die Verantwortlichen überlegen, wo es bereits Berührungspunkte gibt. In welcher Weise kann die Gemeinde ihrer Verantwortung gegenüber diesen Muslimen gerecht werden? Soll sie einzelne Gemeindeglieder speziell für diesen Dienst beauftragen? Oder kann diese Aufgabe nur gemeinsam mit anderen Gemeinden angepackt werden?

Als Gemeinde von Jesus Christus in Europa stehen wir inzwischen seit Jahrzehnten in der Herausforderung umzudenken. Wurden früher Missionare in ferne Länder gesandt, liegt heute das Missionsfeld auch vor der eigenen Haustür. Menschen aus fernen Ländern, die von Jesus kaum etwas oder hauptsächlich Unrichtiges gehört haben, leben nun in erreichbarer Nähe. Ohne Zweifel: Die andere Sprache, Kultur, Religion können uns wie unüberwindliche Hindernisse vorkommen. Doch groß ist die Chance, dass sie zum ersten Mal von der Guten Nachricht hören! Anstatt ängstlich zu sein, sollten wir uns freuen, in einem freien Land leben zu dürfen und ihnen das Evangelium bringen zu können, ohne Verfolgung durch ein islamisches Regime befürchten zu müssen. Was hindert uns, diese Möglichkeiten als Gemeinde zu nutzen?

Woran liegt es, dass kaum eine Gemeinde ein wirkliches Anliegen hat, Muslime mit dem Evangelium zu erreichen? Und das, obwohl diese in manchen Städten einen erheblichen Anteil der Bevölkerung ausmachen? Wir können hier nicht analysieren, aus welchen Gründen es vielen Gemeinden in Europa gegenwärtig nicht gelingt, dem biblischen Auftrag in ihrer Umgebung gerecht zu werden und warum es ihnen in besonderer Weise schwer fällt, Muslime zu erreichen. Die „missionarische Schwäche", die wir beobachten, steht in starkem Gegensatz zu der äußeren Freiheit, die wir in Europa haben, das Evangelium weiterzusagen. Sie steht auch im Gegensatz zu der Tatsache, dass es wohl noch nie in der Kirchengeschichte so viele Möglichkeiten zur geistlichen Aus- und Fortbildung und so große technische und finanzielle Ressourcen gab.

Seit über einem halben Jahrhundert leben Muslime in unseren Städten. Bis auf wenige Ausnahmen gibt es aber kaum Gemeindeglieder, die früher Muslime waren, oder muslimische Gäste in deutschen Gemeinden. Diese Tatsache ist nicht nur auf den Widerstand des Islams gegen das Evangelium zurückzuführen.

Wenn Gemeinden nur auf sich selber und ihre Kräfte schauen, ist der biblische Auftrag gewiss eine Überforderung. Zu vielfältig erscheinen die unterschiedlichen

Gruppierungen in unserer zunehmend multikulturellen Gesellschaft. Wie kann eine Gemeinde dennoch Mut gewinnen, den Auftrag, „der ganzen Schöpfung" das Evangelium zu predigen (Mk 16,15), wirklich ernst zu nehmen? Wahrscheinlich nur, indem wir dem Anspruch von Jesus, dass ihm „alle Macht gegeben (ist) im Himmel und auf Erden" (Mt 28,18), neu Glauben schenken und im Vertrauen auf seine Macht anfangen, aktiv zu werden. Im Wissen um unsere völlige Abhängigkeit von unserem Herrn und im Vertrauen, dass er bei uns ist „alle Tage bis an der Welt Ende" (Mt 28,20), kann sich eine Gemeinde – trotz aller eigenen Schwächen – seinem Auftrag stellen und entsprechend seinem Wort „hingehen" (Mt 28,19). Ein gewisser Aufbruch aus der „Komfortzone" ist dafür nötig, so nötig und wichtig eine intakte und liebevolle Gemeinschaft nach „innen" auch ist.

Vielleicht wird in vielen Gemeinden an erster Stelle Umkehr nötig sein. Das Bekenntnis, weder die Aussage von Jesus über seine Vollmacht noch seinen Auftrag wirklich ernst genommen zu haben. Und eine neue Hinwendung zu ihm im Vertrauen, dass er Vergebung und einen neuen Anfang schenkt.

Wohnen Muslime im Einzugsgebiet einer Gemeinde, ist es die vorrangige Verantwortung einer Gemeindeleitung, sich dafür zu entscheiden, ihnen nicht länger aus dem Weg zu gehen. Die Gemeindeleitung wird Wege zu ihnen suchen und über Anknüpfungspunkte für Begegnung und Glaubensgespräch nachdenken.

Einerseits soll sich eine Gemeinde nicht nur auf Muslime konzentrieren, da wir allen Menschen das Evangelium schuldig sind. Außerdem würde es die Abwehr von Muslimen verstärken, wenn sie den Eindruck bekommen, dass wir speziell sie als Ziel unserer Aktivitäten nach außen auswählen. Andererseits sollte sich eine Gemeinde auf

Muslime konzentrieren und ganz gezielt zu ihnen hingehen, denn sonst werden sie nicht erreicht. Sie werden nur selten von selber kommen oder sich einladen lassen, weil die Schwellenangst zu groß ist, weil gegenseitige Kontrolle und Druck sie hindern und weil Vorurteile sie abhalten.

Ein erster Schritt ist, dass eine Gemeindeleitung bewusst die Herausforderung als Auftrag Gottes annimmt und ihn um Leitung durch seinen Heiligen Geist bittet. Sie kann betend überlegen, wie die Gemeinde konkret auf die Anwesenheit von Muslimen reagieren soll und welche Möglichkeiten ihr Gott an die Hand gibt, ihnen das Evangelium zu bringen.

Vielleicht haben einzelne Gemeindeglieder bereits Kontakt zu Muslimen aufgenommen und sehen deshalb schon die Herausforderung, die Gemeindeleitung aber noch nicht. Dann können diese Einzelnen für die Verantwortlichen beten – und nach Möglichkeit auch bald das Gespräch mit ihnen suchen. Eine Frage könnte dabei sein, ob eine gezielte Arbeit unter Muslimen ein Schwerpunkt der Gemeindearbeit werden soll. Oder ob vorerst Einzelne – aber im Auftrag der Gemeinde, unter ihrem Segen und mit ihrer Fürbitte – Kontakte zu Muslimen pflegen sollen. Die Begegnung mit Muslimen sollte jedenfalls in Deutschland beziehungsweise Europa nicht länger als ein „Hobby" von Einzelpersonen angesehen werden.

b. Auf Muslime aufmerksam machen

Ein weiterer Schritt könnte sein, dass die Gemeindeleitung die Gemeinde auf die Muslime in der Nachbarschaft hinweist. Dass sie ermutigt und hilft, muslimische Nachbarn bewusst wahrzunehmen, beziehungsweise die Wahrnehmung zu vertiefen. Dazu kann es nötig sein, über den Islam und die Muslime zu informieren, Ängste zu nehmen und zur Fürbitte und Begegnung zu ermutigen. Das kann durch besondere Informationsveranstaltungen geschehen. Besser aber wohl im Gottesdienst, damit die Gemeinde als Ganzes angesprochen wird. Es sollten möglichst nicht nur die Gemeindeglieder erreicht werden, die sich ohnehin für Migranten, Mission usw. interessieren. Das sind ja leider gewöhnlich „Randthemen" in der Gemeinde. In einem solchen Gottesdienst sollten auch Möglichkeiten aufgezeigt werden, Muslime mit dem Evangelium zu erreichen. Dazu könnten zum Beispiel Konvertiten eingeladen werden, eventuell auch eine kleine Gruppe, die den Gottesdienst durch Lieder und Zeugnisse gestaltet. Damit können sie Einblick geben, wie sie zum Glauben an Jesus Christus gefunden haben. Auch Leute, die unter Muslimen in Deutschland arbeiten, können durch Berichte aus ihrer Arbeit Ermutigung und Anregungen vermitteln.

c. Für Muslime beten

Mit Gebet fängt alles an. Gemeinden sollten beginnen, in Gebetsstunden und im Gottesdienst regelmäßig auch für Muslime in der Umgebung zu beten. Als Anregung und Hilfe dazu kann das Gebetsheft „30 Tage Gebet für die islamische Welt"[86] dienen. Die dort genannten Anliegen sind auch über die jeweilige Zeit des Ramadan hinaus noch aktuell. Ein generelles Anliegen in der Fürbitte für Muslime ist sicherlich, dass sie den Weg zur Wahrheit in Jesus finden. Ein weiterer Gebetsinhalt kann sein, dass wir unsere Ängste vor dem Islam, vor der verschleierten Frau, vor der Andersartigkeit der Muslime verlieren und in Muslimen Gottes geliebte Geschöpfe sehen. Für die Begegnung mit ihnen brauchen wir Kraft, um die wir bitten dürfen. „Gib uns ... die Kraft, deine Botschaft mutig und offen zu verkünden! Hilf uns dabei! Und lass Staunen erregende Wunder geschehen durch den Namen deines heiligen Bevollmächtigten Jesus!" (Apg 4,30).

d. Aktionen und Vorgehensweise planen

Unter Gebet sollten auch weitere konkrete Aktionen geplant werden: Was können wir als Gemeinde tun, was wollen wir tun, um den Muslimen in unserer Nachbarschaft Gottes Liebe zu bezeugen? Wer kann mitarbeiten? Welche Vorbereitungen sind nötig?

Dabei ist auch zu überlegen: Wollen wir eher auf der Gemeindeebene aktiv werden? Wollen wir als Gemeinde einen Moscheebesuch vorbereiten? Streben wir Begegnung zwischen Gemeinde und Moschee an? Siehe auch: „Moscheebesuch".

Oder scheint uns die Begegnung auf persönlicher Ebene sinnvoller? Sollen einzelne Gemeindeglieder Verteilaktionen, Besuche und anderes durchführen?

Oder sind für die konkrete Situation Gruppenaktionen am besten geeignet? Ein internationaler Büchertisch, Kinderstunden, Angebote im Park, Einladungen zu einem Gemeindefest, Flohmärkte ...

Die Gemeindeleitung sollte auch wahrnehmen bzw. erfragen, wer bereits im Alltag natürliche Kontakte zu Muslimen hat. Zum Beispiel im Kindergarten, in der Schule, auf der Arbeitsstelle und so weiter. Je nach Situation kann sie überlegen, ob zur Gemeinde gehörende Migranten eventuell besonders gut bestimmte muslimische Gruppen erreichen können.

e. Mitarbeiter berufen, begleiten und unterstützen

Sicher werden nicht alle Gemeindeglieder auf diesem Gebiet mitarbeiten wollen. Andere dagegen werden sich unter Umständen in besonderer Weise einsetzen. Da kann es gut sein, diese bewusst für ihren Dienst zu berufen und zu beauftragen, wie das auch sonst bei Mitarbeitern in der Gemeinde üblich ist. Schön wäre es, wenn ein kleines Team „ausgesandt" werden kann! Die Gefahr des Ausbrennens von „Einzelkämpfern" ist groß – besonders im Dienst unter Muslimen. Deshalb ist Teamarbeit angesagt. Es werden viele unterschiedliche Persönlichkeiten und Begabungen gebraucht.

Wie auch sonst in der Gemeindearbeit ist es nötig, die Mitarbeiter zu ermutigen und ihnen Schulung zu ermöglichen. Dies ist hier vielleicht noch wichtiger als in anderen Bereichen – und ebenso die Begleitung im Gebet. Von Zeit zu Zeit könnten ein Erfahrungsaustausch und eine Schulung in der Gemeinde oder auf Allianz-Ebene förderlich sein. Eventuell ist auch die Zusammenarbeit oder Gründung eines Arbeitskreises für Migration und Integration (AMIN)[87] sinnvoll. Die AMIN-Kreise praktizieren übergemeindliche Zusammenarbeit, damit Migranten vom Evangelium hören. Treten Sie in Kontakt mit AMIN[88].

Mitarbeiter sollten mit der nötigen Hilfe versorgt werden. Sei es zur Beschaffung von Literatur und anderen Medien zum Weitergeben, sei es durch das Öffnen von Gemeinderäumen zum Beispiel für einen „Winterspielplatz"[89], durch Hilfe bei Einladeaktionen und größeren Veranstaltungen, Abholdienste, Beratung und eventuell Unterstützung bei Anfragen nach sozialer Hilfe ...

f. Herzen und Türen öffnen

Eine Gemeinde, die sich der Herausforderung stellt, auch Muslimen das Evangelium zu bringen, sollte beten und mit ganzem Herzen erwarten, dass Gott auch Menschen mit islamischem Hintergrund zum Glauben an Jesus Christus ruft. Sie sollte sich darauf vorbereiten, dass Interessierte und Konvertiten kommen könnten. Besuchen Gäste anderer Nationalität den Gottesdienst, die zu wenig Deutsch verstehen, sollte die Möglichkeit einer Übersetzung angeboten werden. Der Übersetzer, der Christ ist, wird theologische Begriffe oder biblische Besonderheiten entsprechend seines geistlichen Verständnisses und Wissens übersetzen. Übersetzt jemand, der noch nicht Christ ist, wäre darauf zu achten, wie bestimmte Begriffe verstanden werden. Bibelwissen kann in diesem Fall nicht vorausgesetzt werden. Für ein längerfristiges Miteinander sollte überlegt werden, wer als *Cultural Guide*, als Kenner der Kultur und Sprache, als „Fachmann" befragt werden kann. Oder sollen vollzeitlich arbeitende türkische, arabische, persische ... Mitarbeiter eingeladen werden, die Ihnen wertvolle Tipps und Schulungen anbieten können? Gibt es bereits andere Christen, die sich um Migranten in Ihrer Stadt kümmern?

Weitere Fragen, die bedacht werden müssen: Wie soll die Gemeinde mit Taufanfragen umgehen? Kann sie Taufkurse beziehungsweise spezielle Bibelkurse anbieten? (Siehe „Taufe".) Wie soll die Gemeinde auf eventuelle Herausforderungen durch Muslime reagieren? Wie soll sie sich verhalten, falls Muslime gegen die christlichen Aktivitäten protestieren? Oder falls von Seiten anderer christlicher Konfessionen oder der säkularen Öffentlichkeit Kritik laut wird, das missionarische Engagement störe den „Religionsfrieden"?

g. Befähigung zu Standfestigkeit und Zeugnis

Nicht alle in einer Gemeinde werden unmittelbar beteiligt sein, Muslime mit dem Evangelium zu erreichen. Angesichts der wachsenden Zahl der Muslime und eines erstarkenden muslimischen Selbstbewusstseins wird es aber in allen Gemeinden nötig sein, alle Gemeindeglieder „islamresistent" zu machen. Das heißt aber keinesfalls, ihnen Angst vor dem Islam oder gar Feindschaft gegenüber Muslimen „einzuimpfen".

Muslime berichten immer wieder stolz von „Christen", die endlich die Wahrheit des Islams erkannt haben und Muslime geworden sind. Etliche der jungen Männer, die zum Islam konvertiert sind, wurden Anhänger eines radikalen, militanten Islams. Es gibt andererseits einzelne Personen, die auf dem Umweg über den Islam zu einer lebendigen Beziehung zu Jesus Christus gefunden haben: Erst indem sie sich auf den Islam eingelassen hatten, haben sie erkannt, was der Islam ihnen zu „bieten" hat und was nicht. Vorher sind sie anscheinend niemandem begegnet, der sie aus christlicher Sicht über den Islam in kompetenter und fairer Weise informieren konnte. Und vorher haben sie anscheinend niemals klar das Evangelium gehört.

Es ist wichtig, dass in Gemeinden ein Bewusstsein entsteht, dass und warum der Islam für viele attraktiv erscheint trotz einer Fülle von negativen Nachrichten aus der Welt des Islams.

Der Islam ist in seiner Lehre scheinbar einfacher und logischer als der christliche Glaube: Es gibt keine so komplizierten „Dogmen" wie die Lehre von der Trinität und der Gottessohnschaft.

Der Islam erscheint weniger anstößig: Das „Wort vom Kreuz" wird deutlich verneint. Man muss weder an eine solche „Ungerechtigkeit" glauben, dass „der Gerechte für die Ungerechten" gelitten hat (1Petr 3,18), noch muss man sich eingestehen, in solcher Weise ein verlorener Sünder zu sein, dass man nur durch das stellvertretende Leiden und Sterben von Jesus Christus gerettet werden kann.

Der Islam ist für den „natürlichen", das heißt „nicht durch Gottes Geist erleuchteten" Menschen plausibler. „Natürlich" muss der Mensch etwas oder sogar viel tun, um Vergebung zu bekommen und mit dem Paradies belohnt zu werden. Er kann nicht allein „aus Gnade ... durch den Glauben" (Eph 2,8) gerettet und mit ewigem Leben beschenkt werden. So meint es der „natürliche" Mensch.

Hinzu kommt, dass die Glaubwürdigkeit der Bibel durch die „historisch-kritische" Bibelforschung untergraben wurde.

Das scheint die muslimische Behauptung der „Bibelverfälschung" zu bestätigen.

In dieser Situation braucht die ganze Gemeinde hilfreiche, biblisch fundierte Lehre, die

- das Vertrauen auf die Glaubwürdigkeit der Bibel als das Wort Gottes stärkt und neu ermutigt, dieses Wort Gottes auch persönlich zu lesen und im Alltag anzuwenden (vgl. Kol 3,16; Jos 1,7f);
- wiederholt erklärt, warum wir allein aus Gnaden durch den Glauben gerettet werden können;
- eine Verkündigung der „billigen Gnade" vermeidet und zu Hingabe und Glaubensgehorsam anleitet;
- das biblische Reden über den drei-einigen Gott, die Gottessohnschaft usw. in solcher Weise erklärt, dass erkennbar wird: Es geht hier nicht um tote theologische Theorien und verstaubte Dogmen.

Zum Teil wird gerade durch einen Vergleich zwischen biblischem Evangelium und Islam das Profil des christlichen Glaubens neu deutlich. Nach Jahrzehnten der Auseinandersetzung mit dem Islam wird für uns die Strahlkraft des Evangeliums immer stärker, während alles vordergründig Interessante und Attraktive am Islam immer mehr verblasst. Wir sehen eine Menge an Regelungen und Vorschriften, die Menschen das trügerische Bewusstsein vermitteln, ein Gott wohlgefälliges Leben zu führen. Aber sie besitzen keinerlei verbindliche Zusagen hinsichtlich Vergebung der Sünden und Zugang zum Paradies. Die wichtigsten Fragen bleiben für Muslime ohne Antwort: Wie steht Gott wirklich zu mir? Strafend oder gnädig? Wo werde ich die Ewigkeit zubringen? Im Feuer oder im Paradies? Muslime können weder ihr persönliches Leben noch die Gestaltung ihrer Gesellschaft, ihrer „Umma", auf der Basis der Liebe Gottes aufbauen. Das ist eine Tatsache von enormer, nicht zu überschätzender Tragweite.

Eine Gemeinde, die die Herausforderung durch den Islam annimmt und sich neu auf das biblische Evangelium besinnt, wird sicherlich Einiges geistlich zu bearbeiten haben. Sie wird aber mit klarerem Verständnis für das Evangelium ermutigt, gestärkt und sicherlich auch zielorientierter aus diesem Prozess hervorgehen. Sie wird fähiger werden, ihren Glauben zu bezeugen – nicht nur gegenüber Muslimen.

Ihr nächster Schritt ...

Dieses Buch mit vielen praktischen Überlegungen und Ratschlägen zielt auf die Praxis. Was wird ganz praktisch Ihr nächster Schritt sein?

1) Natürlich können Sie das Buch zuklappen und weglegen. Sie haben mal durchs Fenster geschaut, wie es aussehen könnte, auf Muslime zuzugehen. Aber die Tür bleibt verschlossen.

2) Sie können aber auch die Tür öffnen und etwas Neues wagen. Vielleicht ist Ihnen beim Lesen schon deutlich geworden, was Sie gerne ausprobieren würden, was für Sie dran wäre. Oder Sie hatten sogar den Eindruck, Gott möchte, dass Sie etwas ganz Bestimmtes tun.

Vielleicht sind Sie sich aber auch noch nicht darüber im Klaren, wie Sie das Gelesene umsetzen sollen. Dann können Sie vor Gott über Ihre Fragen nachdenken und ihn um Klarheit und Wegweisung bitten. Und natürlich auch bei Menschen Beratung suchen.

Wichtig ist, dass Sie – möglichst bald – eine Entscheidung treffen. Jeder erste Schritt erfordert einen Entschluss: „Ich will diese konkrete Sache tun! Ich will diesen ersten kleinen Schritt gehen!"

3) Damit der erste Schritt auch gegangen wird, oder damit aus dem ersten Schritt mehrere werden – oder sogar ein

neuer „Weg", eine größere oder kleinere Aufgabe, die Sie anpacken sollen –, ist Erinnerung nötig. Sonst geht es mit Ihrer Entscheidung wie mit den guten Vorsätzen für ein neues Jahr.

Notieren Sie auf einem Zettel, was Sie tun wollen. Hängen oder legen Sie diesen Zettel dorthin, wo Sie ihn immer wieder sehen! Sonst geht Ihr Entschluss im Alltagsgetriebe unter. Es mag eine Weile dauern, bis Sie umsetzen können, was Sie sich vorgenommen haben. Ein konkretes, auffälliges Erinnerungszeichen hilft Ihnen, dran zu bleiben.

4) Wenn Sie dann unterwegs sind, werden vielleicht Schwierigkeiten auftreten. Geben Sie nicht zu schnell auf! Allerdings – wenn das, was Sie sich vorgenommen haben, Sie auf Dauer überfordert und Sie auch niemanden finden, der Sie dabei unterstützt, überlegen Sie, wie Sie Ihren Einsatz so gestalten können, dass Sie es schaffen.

Doch vielleicht – und das hoffen wir – gewinnen Sie mit der Zeit auch Mut zu mehr! Dann freuen wir uns, wenn Sie größere Aufgaben anpacken. Wenn Sie mehr Erfahrungen sammeln, werden Sie wahrscheinlich auch mehr Freude empfinden und einiges besser machen als ganz am Anfang. Aber lassen Sie sich auch durch Fehler und Pannen nicht entmutigen! Lassen Sie sich neu mit Gottes Liebe beschenken und hören Sie nicht auf, diese Liebe weiterzugeben! Wir wünschen Ihnen dabei Seinen reichen Segen!

Nun: Was wird Ihr erster Schritt sein?

„Islam-Führerschein"
für Christen

Testen Sie sich selbst oder machen Sie gemeinsam den Test in einer Kleingruppe, um sich zum Thema Islam weiterzubilden und mutig auf Muslime zuzugehen.

Für jede der **97 Fragen** gibt es aus drei Antworten nur eine einzige richtige – auch wenn manchmal eine zweite Antwort nicht als völlig falsch erscheinen mag. Die Fragen sind besonders im kulturellen Bereich hauptsächlich an der türkischen Bevölkerung in Deutschland orientiert, die zwei Drittel der Muslime in Deutschland ausmacht. Es geht um sunnitische Muslime, die schon länger in Deutschland leben. In der praktischen Begegnung kann es aber durchaus Abweichungen geben. Wir bitten daher um Verständnis. Es geht uns nicht darum, Muslime in eine Schublade zu stecken, sondern Christen zu befähigen, Muslimen noch kompetenter mit der Liebe Gottes zu begegnen. Möglich wäre sicherlich, einen noch viel umfangreicheren Fragenkatalog zusammenzustellen. Doch hier wollen wir uns auf einige, uns wichtige Punkte beschränken.

Anleitung: Bitte markieren Sie beim Durchlesen Ihre Antwort. Sie finden die von uns vorgeschlagenen „richtigen" Antworten am Ende des Fragebogens mit Hinweisen zur Auswertung. Wie beim Führerschein gibt es bei jeder Frage eine Punktewertung von 2 bis 5, je nach Wichtigkeit der Frage. Maximal gibt es **354** Fehlerpunkte. Diesen Fragebogen können Sie auch gerne kopieren und z. B. in einem Hauskreis oder Jugendkreis gemeinsam durchgehen. Einen kleineren „Führerschein" können Sie auch online machen und weiterempfehlen: http://www.orientdienst.de/muslime/islam-fuehrerschein-was-ist-das/

Wie bei einer theoretischen Auto-Führerscheinprüfung sollte innerhalb eines Jahres die Praxisprüfung folgen. Wir möchten Sie ermutigen: Gehen Sie den nächsten Schritt. Setzen Sie die Theorie in die Praxis um. Sie können sich dazu informieren auf www.orientdienst.de/aktuell/aktuelle-termine. Hier werden immer wieder Möglichkeiten zur praktischen Begegnung mit Muslimen in Deutschland angekündigt.

a. „Sach"-Fragen (Fragen 1-7)

Islamische Kultur und Praxis

1. <u>Wenn wir Muslime besuchen und für bestimmte von ihnen erwähnte Anliegen beten wollen ...</u>　　　(**5**)
A. empfindet ein Muslim das als respektlos
B. sollen wir dies laut tun, nachdem wir sie um ihr Einverständnis gefragt haben
C. sollen wir das immer im Namen des Vaters, des Sohnes und des Heiligen Geistes tun

2. <u>Muslime, die die „Hand der Fatima" oder das „Blaue Auge" aufgehängt haben, sind ...</u>　　　(**3**)
A. abergläubisch und denken, sich so schützen zu können: Volks-Islam
B. korantreu und damit tiefgläubige Muslime, weil sie an Fatima glauben, die jüngste Tochter Mohammeds
C. begeistert von der künstlerischen Aussage der Gegenstände

3. In der Türkei freut man sich besonders am ... **(2)**
A. gemeinsamen Teetrinken
B. Bücherlesen
C. Spaziergang alleine

4. Man darf laut türkischer Kultur nicht ... **(2)**
A. vor dem Haus das Auto waschen
B. fluchen
C. etwas essen, ohne dem Nachbarn etwas anzubieten

5. Nach türkischer Sitte putzt man sich die Nase ... **(4)**
A. in der Küche
B. auf der Toilette
C. da, wo sie läuft, z. B. am Esstisch

6. Im Orient gilt folgendes: **(2)**
A. Männer und Frauen rasieren sich grundsätzlich immer die Körperhaare
B. Tagsüber sind die Wohnungen für Männer tabu
C. Waschen gehört nicht zum Islam

7. Im Orient merkt man, dass jemand etwas wirklich nicht möchte, wenn er ... **(3)**
A. genervt wirkt
B. dreimal ablehnt
C. einmal ablehnt

b. Begegnung (Fragen 8-38)

Grundeinstellung

8. Folgende Emotionen sollten uns bei der Begegnung mit Muslimen bestimmen: **(5)**

A. Angst, Zorn oder Wut über neue Forderungen oder Anschläge von Islamisten

B. Liebe, die Muslimen die Wahrheit und Liebe Gottes bringen will

C. Freundlichkeit, die Muslime als Brüder und Schwestern annimmt

9. <u>Angst vor Muslimen ...</u>   **(5)**

A. ist richtig, weil es in den Sprüchen heißt, dass der Kluge vorausschauend ist (Spr 14,8)

B. dürfen wir auf keinen Fall haben, da das destruktiv ist: Islamophobie

C. soll immer wieder durch die Liebe von Christus in uns überwunden werden

10. <u>Wenn wir bei diesem Test mehr als **250** Fehlerpunkte erreichen, ...</u>   **(2)**

A. sind wir nicht fähig für die Begegnung mit Muslimen

B. ist es nicht so schlimm, weil Muslime das verstehen können

C. ist das sogar erwünscht, weil wir ohne Kenntnisse unvoreingenommener sind

11. <u>Vor Muslimen sollte ich mich als Christ ...</u>   **(5)**

A. mutig zu Jesus Christus bekennen

B. nicht zu stark zu Jesus bekennen, da sie das vor den Kopf stoßen würde

C. möglichst nicht zu erkennen geben

12. <u>Wie sollten wir Muslime ansprechen?</u>   **(5)**

A. Durch freundliches Fragen

B. Durch Bibelverse, die wir bei der ersten Begegnung zitieren

C. Durch Angriffe auf den Koran und Mohammed

13. Praktische Hilfe wie Behördengänge, Formularhilfe, Deutschunterricht sind ... **(2)**
A. ein großer Fehler, weil wir dadurch Zeit verlieren
B. das A und O aller Arbeit mit Muslimen
C. natürliche Begleiter in der Beziehung mit manchen Muslimen

Besuche

14. Betreten wir eine Wohnung, ziehen wir die Schuhe ...
(3)
A. in der Regel aus
B. nur aus, wenn darum gebeten wird
C. auf keinen Fall aus, wenn der Gastgeber uns bittet, diese anzulassen

15. Wenn wir das Wohnzimmer des orientalischen Gastgebers betreten ... **(2)**
A. setzen wir uns gleich irgendwohin, wie wir es bei deutschen Freunden machen würden
B. setzen wir uns möglichst weit von der Tür weg, damit neue Besucher schnell einen Platz finden
C. setzen wir uns möglichst nahe an die Tür, damit wir signalisieren, wir bleiben nicht lange

16. Christinnen bemühen sich möglichst ... **(4)**
A. nur um muslimische Frauen
B. um alle, Frauen und Männer
C. vor allem um Männer, wenn diese gern über Glauben sprechen möchten

17. Christliche Frauen sollten ihre Kleidung ... **(3)**
A. freizügig halten, da das bei Männern gut ankommt
B. am Vorbild der muslimischen Frau orientieren

C. konservativ halten, wobei auch die Oberarme bedeckt
    sein sollten

18. <u>Zur Begrüßung geben christliche Frauen muslimi-
    schen Männern ...</u>   (**3**)
A. in jedem Fall die Hand
B. möglichst nicht die Hand
C. auf keinen Fall die Hand

19. <u>Christinnen sollten bei Besuchen darauf achten ...</u> (**4**)
A. langes Haar nicht offen zu tragen
B. möglichst eine Burka zu tragen
C. sich möglichst leger zu kleiden

20. <u>Man begrüßt ...</u>   (**3**)
A. zuerst die Frauen, dann die Männer
B. zuerst den Ältesten, dann die Jüngeren
C. zuerst den, der Deutsch kann, weil man den versteht

21. <u>Wir packen Gastgeschenke ...</u>   (**2**)
A. sofort aus und danken herzlich
B. erst aus, wenn der Gast weg ist
C. am Ende des Besuches aus

22. <u>Kranken- und Trauerbesuche können ...</u>   (**3**)
A. nur Verwandte machen
B. wir nur machen, wenn wir um Erlaubnis fragen
C. wir unangemeldet machen

23. <u>Gastfreundschaft: Wer lädt wen ein?</u>   (**2**)
A. Wir bestehen darauf, dass der Orientale zuerst zu uns
    kommt
B. Wir lassen uns beim Orientalen einladen, noch bevor
    er uns besucht

C. Der Orientale kommt immer nur zu uns zu Besuch

24. <u>Um mit Muslimen in Kontakt zu bleiben, ist es nötig,
    dass wir uns ...</u>   (**3**)
A. in Gedanken an sie erinnern
B. ab und zu bei ihnen melden
C. täglich bei ihnen melden

25. <u>Muslime erkennen unser Interesse an ihnen vor allem,
    wenn wir ...</u>   (**5**)
A. ihnen großzügig Geld leihen
B. ihnen viel Literatur und anderes christliches Material
   geben
C. wir sie anlässlich von Geburt, Todesfall, Hochzeit und
   im Krankenhaus besuchen

26. <u>Orientalische Kinder sollte man vor ihren Eltern nicht
    loben, ...</u>   (**4**)
A. weil die Eltern sonst Angst um ihre Kinder bekommen
   können (Aberglaube)
B. weil die Kinder sonst hochmütig werden (Einstellung)
C. weil die Kinder das nicht mögen und wir sie nicht är-
   gern sollten (Erziehung)

27. <u>Muslimische Kinder sollten wir beim Besuch ...</u>   (**4**)
A. ignorieren, weil sie noch nicht als Erwachsene gelten
   und das Gespräch der Erwachsenen nicht unterbre-
   chen dürfen
B. mit Segensworten bedenken wie: „Gott segne und be-
   wahre euch und euren Sohn/eure Tochter!"
C. behandeln wie deutsche Kinder auch und sie loben und
   ihre positiven Seiten hervorheben, um ihr Selbstwert-
   gefühl aufzubauen

28. <u>Erste Besuche sollten wir ...</u>　　　　　　　　**(4)**

A. kurz machen

B. ausdehnen

C. solange machen, bis wir verabschiedet werden

29. <u>Beim Besuch bei Orientalen sollten wir folgendes vermeiden:</u>　　　　　　　　**(4)**

A. viel Essen, in die Hände klatschen, Hände falten

B. Toilettengang, lautes Schnäuzen, lautes Lachen

C. Fernsehen, Handy-Nachrichten, mehr als zwei Tassen Tee trinken

30. <u>Muslime möchten normalerweise NICHT, dass wir ...</u>　　　　　　　　**(4)**

A. ihre Moscheen besuchen

B. für sie mit ihrem Einverständnis laut beten

C. im Fastenmonat Ramadan vor ihnen essen

Essen und Trinken

31. <u>Wir bringen als Gastgeschenke ...</u>　　　　　　　　**(5)**

A. Blumen oder Süßigkeiten möglichst vom orientalischen Geschäft

B. deutsche Spezialitäten wie Blut- und Leberwurst

C. die besten Weinbrand-Pralinen oder Gummibärchen

32. <u>Wenn wir unterwegs essen ...</u>　　　　　　　　**(5)**

A. essen wir für uns, weil es sonst nicht reicht

B. bieten wir nichts an, weil wir die Sprache nicht kennen

C. bieten wir unbedingt Orientalen auch etwas an

33. <u>Wenn wir sitzen, sollten wir unsere Beine NICHT ...</u> **(5)**

A. mit den Händen berühren, weil das als unschicklich gilt

B. so platzieren, dass unsere Fußsohlen gesehen werden, weil diese als unrein gelten

C. eng zusammen stellen, weil damit der Gastgeber denkt, wir wären nicht gerne da

34. Die linke Hand kann man bei der Begrüßung oder beim Essen ... **(5)**
A. nie verwenden, weil sie generell als unrein gilt
B. immer verwenden
C. nur verwenden, wenn man sie vorher gewaschen hat

35. Bei Orientalen ist es höflich, beim Essen ... **(3)**
A. etwas auf dem Teller übrig zu lassen
B. alles leer zu essen, damit nichts umkommt
C. viel übrig zu lassen

36. Wenn uns ein Orientale Essen anbietet, sollten wir ... **(3)**
A. ablehnen oder nur etwas annehmen, wenn wir ihm auch etwas anbieten können
B. erst ablehnen und bei wiederholtem Angebot annehmen
C. gleich annehmen und kräftig zuschlagen, weil ihn das ehrt

37. Beim Essen im Restaurant ist es üblich, dass ... **(3)**
A. einer für alle zahlt, weil das als großzügig gilt
B. jeder für sich bezahlt, weil damit jeder weiß, was er ausgeben kann
C. einige für sich, einige gemeinsam zahlen, weil damit Flexibilität gegeben ist

38. Was wird positiv wahrgenommen: großzügig sein oder hart bleiben? **(2)**

A. Beim Handeln hart bleiben, beim Essen zahlt jeder für sich
B. Sowohl beim Handeln als auch bei der Einladung großzügig sein
C. Beim Handeln um den Preis (z.B. im Basar) hart bleiben, bei der Einladung zum Essen großzügig ausgeben

c. (Glaubens-)Gespräch (Fragen 39-97)

Fragen stellen

39. <u>Muslimen Fragen stellen …</u>   (**2**)
A. ist etwas für Leute, die zu wenig Bescheid wissen
B. hilft uns, zu lernen und Zugang zu Muslimen zu finden
C. ist lächerlich und bringt uns in eine unterwürfige Position

40. <u>Die Frage „Wie rechnest du dir deine Chancen aus, ins Paradies zu kommen?"</u> …   (**3**)
A. kann er nicht beantworten, da diese Entscheidung Allah vorbehalten ist
B. beantwortet ein Muslim zuversichtlich und mit Gewissheit, gerettet zu werden
C. hängt von seinem „Gute-Werke-Konto" ab, das im Falle von genug guten Werken den Eingang ermöglicht

41. <u>Direkte Kritik wenden wir erst einmal NICHT an bei:</u>   (**5**)
A. Kopftuch, Stellung der Frau, Terroranschlägen
B. Eheliche Gewalt, Missbrauch, unberechtigten Transferleistungen
C. Islam, Koran, Mohammed

42. Ein direktes „Nein" bedeutet im orientalischen Denken ... **(4)**
A. Du liebst mich nicht und bist nicht mein Freund
B. dass wir den anderen schätzen, weil wir ihm zutrauen, ein „Nein" zu verkraften
C. ein einfaches „Nein", wie wir es kennen

43. Die Schamkultur ermöglicht es, gröbere Fehler eines Orientalen ... **(4)**
A. vor anderen offenzulegen
B. auf jeden Fall zu übersehen
C. höchstens indirekt und sehr vorsichtig anzusprechen

44. Statt ein direktes „Nein" zu sagen, ist es im Orient möglich, durch ... **(3)**
A. ein „Ja" scheinbar zuzusagen, wissend, dass es vielleicht nicht klappt
B. „Inschallah" (wenn Allah will) zuzusagen, mit der Bedeutung, dass man sicher zusagt
C. irgendwelche Erklärungen so abzulenken, dass unklar ist, was man möchte

45. Ein indirektes „Nein", in Form von „so Gott will", ist im orientalischen Denken ... **(5)**
A. nicht üblich
B. unverständlich
C. ein Gebot der Höflichkeit

46. Geistliche Inhalte können wir vor allem zum Gesprächsthema machen durch ... **(3)**
A. Geschichten, Fragen, Sprichwörter und persönliche Erfahrungen
B. Bibelzitate, Koranzitate, Hadithzitate, Philosophenzitate

C. Weitergabe von Bibeln, christlicher Literatur, CDs und anderen Medien

47. Im Gespräch mit Muslimen können wir sie loben für ... **(3)**
A. ihren Glauben an Gott, den es in Europa immer weniger gibt
B. ihren Glauben an Mohammed und dass sie ihn als Vorbild nehmen
C. ihren Glauben an das Gute im Menschen, da dadurch Veränderungen möglich werden

48. Zuhören ist ... **(3)**
A. manchmal ratsam
B. ein Gebot
C. ein Fehler

49. Erwähne, was du am Islam und der islamischen Kultur auszusetzen hast: **(4)**
A. nie
B. wenn es dich ärgert
C. mit Selbstbeherrschung in Liebe zu passender Gelegenheit

50. Im Gespräch ist es angesagt, dass Christinnen ... **(4)**
A. Blickkontakt mit muslimischen Männern haben
B. muslimischen Männern nicht in die Augen sehen
C. sich verschleiern

51. Mein Gesprächsbeitrag sollte ... **(2)**
A. möglichst lang und ausführlich sein, da Muslime auch lange reden
B. möglichst immer kurz sein, damit der andere zum Zug kommt

C.   nicht zu lang sein, um den Zuhörer nicht mit Informationen zu überfordern

52. Ein theologisches Gespräch sollten wir auf jeden Fall versuchen ...   **(5)**
A.   heiß zu führen, weil Orientalen immer gerne heiß diskutieren
B.   zu gewinnen, um die Stärke des christlichen Glaubens zu beweisen
C.   auf einer persönlichen Ebene zu führen, da es damit zur persönlichen Betroffenheit kommen kann

53. Als Einstiegsfrage eignet sich NICHT: **(2)**
A.   Warum fasten Sie als Muslime?
B.   Warum pilgern Sie nach Mekka?
C.   Warum hat Mohammed viele Menschen töten lassen?

54. Im Erstgespräch bitte fragen nach ...   **(4)**
A.   der Familie, dem Herkunftsland
B.   der Ehefrau, dem Ehemann
C.   Einkommen und Besitz

55. Wenn Muslime schwierige Fragen stellen, ist es gut, wenn wir ...   **(2)**
A.   auf jeden Fall direkt antworten
B.   den Kontakt abbrechen
C.   ein anderes Thema ansprechen

56. Fragen, die wir mit Muslimen erst einmal NICHT anzusprechen brauchen ...   **(3)**
A.   Schicksal und Vorherbestimmung
B.   Befreiung von Schande und Unreinheit
C.   Heilsgewissheit und Vergebung der Sünden

57. Eine Frage, die Muslimen geistlich weiterhelfen kann: **(2)**
A. Wie geht es Ihnen?
B. Wie möchten Sie Gott gefallen?
C. Was möchten Sie, dass Gott Ihnen schenkt?

58. Unsere Frage an Muslime „Warum bist du noch nicht Christ geworden?" ... **(2)**
A. ist unverschämt
B. bringt nicht weiter
C. fragen Muslime umgekehrt auch Christen in muslimischen Ländern

59. Muslime können wir besonders neugierig machen durch ... **(3)**
A. Fragen, die wir bewusst nicht beantworten
B. Rückfragen
C. gute Erklärungen

Apologetik: Diskussion über strittige Fragen

60. Themen, die wir von uns aus vermeiden sollten: **(5)**
A. Koran, Mohammed, Jungfrauengeburt, Evolution
B. Sohn Gottes, Dreieinigkeit, Israel, USA
C. Al Kaida, Homosexualität, Politik, Ausgrenzung

61. Dem Vorwurf der Bibelfälschung begegnen wir mit ... (Lösung: Sure 3,3-4; 5,47;18,27) **(2)**
A. der Gegenfrage, ob Gott allmächtig ist und er sein Wort bewahren kann und will
B. dem Eingeständnis, dass die historisch-kritische Theologie manche Hinweise in dieser Richtung gibt, aber dass es keine bewussten Fälschungen waren
C. indem wir den Koran und seine Überlieferungs-

geschichte angreifen, die offensichtliche Veränderungen des Korans in den ersten Jahrzehnten aufweist

62. <u>Wie antwortest du am besten auf die Frage, ob du als Christ glaubst, dass Jesus der Sohn Gottes ist?</u> **(3)**
A. Du bekennst: Ja, er ist der Sohn Gottes! Und er sollte auch an den Sohn glauben
B. Du erklärst: Er ist nicht der Sohn Gottes! Es ist anders gemeint
C. Du fragst zurück, was der Muslim unter „Sohn Gottes" versteht

63. <u>Wie antworten wir auf die Frage, wo denn Jesus sagt: „Ich bin Gott! Bete mich an!"?</u> **(5)**
A. Z. B. sagt Allah von sich, er sei der Erste und Letzte (Sure 57,3); Jahwe sagt das im AT auch (Jes 48,12); Jesus sagt das von sich auch (Offb 1,17-18). Also ist er Gott!
B. Er sagt das eigentlich nirgendwo!
C. Du musst das einfach glauben, um gerettet zu werden!

64. <u>Wir antworten auf die Behauptung, dass wir doch alle an den gleichen Gott glauben (Sure 2,139) mit ...</u> **(5)**
A. Allah ist ein Götze der heidnischen Araber und nicht der Gott der Bibel
B. Es gibt nur einen einzigen Gott, aber viele falsche Aussagen über diesen Gott, und wir müssen die Wahrheit finden
C. Ja, wir haben den gleichen Gott. Wir betonen die Gemeinsamkeiten mit den Muslimen

65. <u>Wir reagieren auf die Behauptung: „Jesus starb nicht am Kreuz!" z. B. mit ...</u> **(5)**
A. der Rückfrage, wo das denn im Koran steht

B. historischen Beweisen für die Kreuzigung, z. B. die Reliquienfunde, dem Turiner Grabtuch oder dem Splitter vom Kreuz

C. dem Hinweis auf die Prophezeiungen im Alten Testament, dass genau das geschehen musste (Jes 53, Ps 22...)

66. <u>Was sagen wir, wenn Muslime uns sagen, dass Gott nicht sterben kann und es keinen Sinn macht, an einen schwachen Gott am Kreuz zu glauben? Denn Gott ist doch ewig, unveränderlich, allmächtig. Wenn er stirbt, wer würde dann noch das Universum kontrollieren?</u> **(5)**

A. Du glaubst an den Koran, der keinen Beginn und kein Ende hat, oder? Er ist deiner Meinung nach ewig, unzerstörbar, oder? Aber dieser Papierkoran wird eines Tages vergehen, weil er aus Druckerfarbe und Papier besteht. Deshalb spricht der Islam von zwei Naturen des Korans: den ewige Koran ohne Anfang und Ende und diesen materiellen Koran mit irdischer Natur. Das ewige Wort Gottes (Joh 1,1) wurde Mensch, kam in diese physikalische Welt und nimmt diese Natur an. Er hat zwei Naturen, seine ewige und irdische, so dass er sterben konnte (und auferstehen). Da gibt es keinen Widerspruch.

B. Gott ist drei in einem. Er ist sowohl auf der Erde, als auch im Himmel. Wenn Jesus stirbt, ist der Vater und der Hl. Geist immer noch Herrscher und allmächtig.

C. Nur die menschliche Natur von Jesus starb.

67. <u>Muslime sagen, dass die christliche Gesellschaft abgewirtschaftet hat und die Kirchen eine verdorbene Ethik haben. Darauf antworten wir:</u> **(3)**

A. Das christliche Abendland ist stark vom christlichen Glauben abgewichen und Menschen fragen nicht mehr nach Gott. Verhalten, das Gott hasst, ist die Folge. Es gibt aber auch echte Christen, die so leben wollen, wie es Gott gefällt

B. Muslime und islamisch geprägte Länder haben eine noch schlimmere Ethik als der Westen. Z. B. unterdrücken sie Andersdenkende, Frauen, Konvertiten und besonders Christen

C. Viele Muslime finden in demokratischen westlichen Ländern Zuflucht. Man soll den nicht beißen, der einem das Brot reicht (Sprichwort). Es gehört sich nicht, den Westen zu kritisieren

68. <u>Die Frage nach der Glaubwürdigkeit des Korans und der Bibel können wir am besten mit ...</u>   (**2**)

A. einem Gleichnis beantworten, ohne es näher zu erklären: ein Unfallverursacher, 40 Zeugen, die etwas anderes sagen

B. archäologischen Argumenten erklären, wie dem Fund der Jesajarolle in Qumran

C. logischen Argumenten erklären: Der Koran entspricht der Größe des Neuen Testaments, folglich kann er nicht alle Inhalte der Bibel enthalten

69. <u>Was antworten wir auf die Frage, warum wir noch nicht Muslime wurden?</u>   (**4**)

A. Der Islam ist nicht attraktiv, weil er sich nur durchs Ölgeschäft verbreiten konnte und keine dauerhafte Perspektive anbietet

B. Weil ich in Jesus Christus viel mehr gefunden habe, als mir der Islam jemals anbieten kann: sichere Vergebung, Befreiung von Unreinheit und Schande, Heilsgewissheit, Gemeinschaft mit Gott, Wahrheit, Heilung ...

C. Wir würden ja eigentlich schon gerne Muslime werden, wenn nur die Gesellschaft das akzeptieren würde

70. Was sagen wir zu der Frage: „Wie denkst du über Mohammed?" (**4**)

A. Ich würde an Mohammed glauben, wenn er die biblischen Kriterien für eine Propheten erfüllen würde

B. Ich finde, er war ein böser Mann, hat viele Morde begangen, sich viele Frauen angeeignet und Kriege geführt

C. Er war ein super Philosoph, Politiker und General. Er hat das aber mit Religion vermischt und damit alles Gute ruiniert.

71. Was sagen wir zu der Frage: „Wie denkst du über den Koran?" (**4**)

A. Der Koran ist ein teuflisches Buch und bringt dich direkt in die Hölle

B. Der Koran ist ein Buch, das ich anhand meines Buches, der Bibel, prüfen kann. Willst du das hören?

C. Der Koran enthält viel Gutes, aber auch manches Schlechte

72. Die Bibel bestätigt ihre göttliche Herkunft durch ... (**4**)

A. ihre literarische Hochleistung und dass es Personen gibt, die sie auswendig aufsagen können

B. sehr viele erfüllte Prophetien über geschichtliche Ereignisse und die Person von Jesus Christus

C. die weite Verbreitung und Übersetzungen der Bibel in fast alle Sprachen der Welt

73. Wo wird angekündigt, dass Gott selbst auf die Erde kommen und Mensch werden wird? (**5**)

A. Jesaja 53,5; Jeremia 31,3

B. Jesaja 9,5; Maleachi 3,1

C. 5. Mose 5,10; Psalm 2,5

74. Auf die Frage von Muslimen: „Warum erkennt ihr un-seren Propheten nicht an? Wir erkennen doch auch Jesus Christus als Propheten an!", können wir antwor-ten, dass wir Mohammed als ... **(5)**

A. falschen Propheten erkennen, weil er allen vorigen Of-fenbarungen der Bibel widerspricht, keine Wunder tat, als alleiniger Zeuge für sich selbst auftritt

B. Propheten anerkennen, denn er hat eine große Weltre-ligion gegründet und für Ordnung gesorgt

C. Propheten anerkennen würden, wenn er die Vorgaben der Bibel für Propheten erfüllt. Auf die Rückfrage wür-den wir dann erklären, dass ein Prophet nach 5. Mose 18 ein Zeichen, ein Wunder oder eine Vorhersage ge-ben muss, die sich erfüllt

75. Für viele Muslime ist es ein rotes Tuch, wenn wir ... **(5)**
A. vom Sohn Gottes sprechen
B. von Marias Jungfrauengeburt sprechen
C. vom Gericht Gottes sprechen

76. Auf den Vorwurf, dass wir Jesus Christus zum Sohn Gottes und zu Gott stilisieren, können wir antworten:
   (5)
A. Andere Religionen zeigen, dass Menschen zu Gott wer-den können. Auch in der griechischen Mythologie wur-den Menschen zu Göttern und umgekehrt

B. Jesus wurde durch den Heiligen Geist gezeugt, nicht durch sexuellen Verkehr. Wenn wir von Gottes Sohn sprechen, meinen wir die Wesensgleichheit, Vollmacht und Verbindung, die nur ein Vater mit seinem Sohn haben kann

C. „Sohn Gottes" wird nur mit dem Wort „Gesalbtem" gleichgesetzt, also einem von Gott Erwählten, nichts weiter

77. <u>Dem Vorwurf, dass wir mit der Dreieinigkeit drei Göt-</u>
    <u>zen anbeten, begegnen wir mit folgenden Worten:</u> (**5**)

A. Gott hat sich als ein einziger Gott offenbart. Es gibt nur einen einzigen Gott! Doch wenn Gott Mensch werden will, können wir das nicht verhindern. Er ist größer, als wir denken! Er kann tun, was er will. Er hat angekündigt, genau das zu tun. Willst du es sehen? (Mal 3,1; Jes 9,5f). Wir machen keinen Menschen zu einem weiteren Gott! Gott wird aber Mensch: Jesus Christus!

B. Niemand kommt in den Himmel außer der, der glaubt, dass Jesus Christus der Sohn Gottes ist. Es macht keinen Sinn, wenn man den Sohn Gottes ablehnt und dann in die Hölle kommt.

C. Andere Religionen besitzen auch eine Art „Dreieinigkeit" und das zeigt doch, dass Christen richtig liegen, z. B. mit alt-ägyptischen Religionsauffassungen

78. <u>Auf die Behauptung, dass das Wort „Dreieinigkeit"</u>
    <u>nicht in der Bibel vorkommt, können wir sagen ...</u> (**2**)

A. Erst der Heilige Geist hat diesen Begriff „Dreieinigkeit" geprägt und in der Kirche verbreitet und weil die Bibel geschrieben wurde, bevor er kam, ist er darin nicht enthalten

B. Auch der islamische Hauptbegriff „Tauhid" (Eingottglaube) kommt im Koran nicht vor. Trotzdem ist das Konzept im Koran erklärt. Genauso verhält es sich mit der Bibel und dem Begriff „Dreieinigkeit"

C. Dreieinigkeit ist letztlich nichts anderes, als dass ein und derselbe Gott sich nur in drei verschiedenen Zuständen offenbart. Es gibt keine drei Personen

79. <u>Wenn Muslime uns vorwerfen, dass christliche Staa-</u>
    <u>ten in der Geschichte Kreuzzüge gegen Muslime</u>

ausführten und auch heute Muslimen viel Böses an-
tun, antworten wir, ... **(5)**

A. dass Muslime es sind, die Christen verfolgen, unterdrücken und ermorden, wie bei den Terroranschlägen
auf der ganzen Welt von Boko Haram, Al Kaida und
Islamischer Staat

B. dass die Kreuzzüge stattfanden, weil Muslime gegen
das christliche Abendland vorrückten und die Christen sich nur verteidigen mussten. Außerdem hatten
Muslime ihnen den Zugang zur Pilgerstätte Jerusa-
lem verweigert

C. dass die Bosheit aus dem sündigen Herzen kommt und
jede Nation, jeder Mensch – auch wir – zu Bösem fähig
sind und wir deshalb den Retter brauchen.

80. Unmoral und Gottesferne in der westlichen Welt ... **(3)**

A. sollen wir auch bedauern, aber betonen, dass sie mit
christlichen Werten wenig zu tun haben

B. können wir als Folge des toleranten christlichen Glaubens darstellen

C. sind Teil der Demokratie und somit auch okay

Zum Glauben an Christus einladen

81. Christliche Literatur sollten wir möglichst ... **(3)**

A. nur weitergeben, wenn Interesse besteht

B. beim ersten Gespräch unbedingt weitergeben

C. niemals weitergeben

82. Um Muslime zum Glauben an Jesus zu führen, müssen
wir uns ... **(2)**

A. mit schnellen Konversionen anfreunden

B. meistens auf einen langen Weg einstellen

C. damit zufrieden geben, dass sich keiner bekehren wird

83. Folgende Barrieren muss ein Muslim überwinden, um Christ zu werden: **(5)**
A. Er muss seine Kultur ablegen und die westliche Kultur übernehmen
B. Er muss seine bisherige Auffassung von Gut und Böse, von Liebe, von Ehe und Freundschaft aufgeben
C. Er muss Fremdheitsgefühle, islamische Vorurteile, geistliche Blindheit und Angst vor Verfolgung überwinden

84. Wenn wir Jesus als den Sohn Gottes vorstellen, haben Muslime Angst ... **(5)**
A. die nicht zu vergebende Sünde des Shirk (Beigesellung) zu begehen und in die Hölle zu kommen
B. ihrem islamischen Lehrer zu widersprechen und damit ein Tabu zu brechen
C. dass ihnen vorgeworfen wird für den deutschen Geheimdienst zu arbeiten und sie damit Volksverräter werden

85. Als Hindernis, das Muslime abhält Christ zu werden gilt NICHT: **(5)**
A. negative Gefühle Jesus Christus gegenüber
B. ein muslimisches Überlegenheitsgefühl
C. die Angst, die Familie zu verlieren

86. Ein Muslim, der Christ wird, ... **(5)**
A. muss erst einmal einige Zeit allein sein, um in seinem neuen Glauben gefestigt zu werden
B. kann sich gut selbst helfen und ist relativ unabhängig
C. braucht die Nähe von anderen Christen und viel Gemeinschaft mit ihnen

87. Wenn wir Begriffe wie Glaube, Vergebung, Barmherzigkeit und Sünde verwenden, können wir davon ausgehen, dass Muslime diese ... **(4)**
A. genauso verstehen und füllen wie wir
B. teilweise ganz anders füllen als wir
C. diese gar nicht kennen

88. Christen haben Muslimen eines sicher voraus: **(5)**
A. Heilsgewissheit
B. Ethische Werte
C. Höher entwickelte Kultur

89. Muslime können wir auf Jesus hinweisen, indem wir ... **(3)**
A. sagen, dass Jesus der Sohn Gottes ist
B. ihnen empfehlen, im Namen des Vaters, des Sohnes und des Heiligen Geistes getauft zu werden
C. sie einladen, die Wahrheit zu suchen und den Weg der Wahrheit zu gehen

90. Welche Facetten des Evangeliums sind für Muslime NICHT so interessant? **(3)**
A. Sünde – Vergebung, Schuld – Rechtfertigung
B. Schande – Ehre, Unreinheit – Reinigung, Ohnmacht – Macht über Dämonen
C. Krankheit – Heilung, Einsamkeit – Gemeinschaft

91. Welche Bibeltexte sprechen Muslime im Allgemeinen NICHT so stark an? **(4)**
A. Die Ehebrecherin (Joh 8)
B. Die Gründe, die Jesus für seine Gottheit anführt (Joh 5)
C. Die Bergpredigt, vor allem die Aussage: „Sorget euch nicht" (Mt 5-7)

92. Welche Bibeltexte sprechen Muslime im Allgemeinen stark an? **(4)**

A. Das sogenannte Hohelied der Liebe (1Kor 13) und die Aussage von Jesus „Vater, vergib ihnen!" am Kreuz (Lukas 23,34)

B. Die Erwählung Israels im Alten und Neuen Testament (Jes 44,1; Röm 11,1.11)

C. Entrückung und das Tausendjährige Reich (1Thes 4,17; Offb 20,4)

93. Das „Gericht Gottes" sollten wir Muslimen gegenüber ... **(5)**

A. nicht erwähnen, da es sie nur verängstigt und verstören kann

B. nicht erwähnen, weil es für sie kein interessantes Thema ist

C. erwähnen, um ihnen ihre Verantwortung aufzuzeigen

94. In ersten Gesprächen sollten wir biblische Geschichten ... **(2)**

A. am besten zusammen mit ihnen in der Bibel lesen, damit sie diese verstehen

B. erst einmal erzählen ohne Hinweis auf die Bibel

C. nicht erwähnen, da sie Muslimen alle bekannt sind

95. Biblische Wahrheiten, wie das Bewusstsein, Sünder zu sein, können wir z. B. kommunizieren durch ... **(5)**

A. die Vorstellung der 10 Gebote

B. den Koran

C. durch philosophische Schriften

96. Muslime zeigen ihr Interesse am christlichen Glauben vor allem ... **(4)**

A. unter vier Augen

B. in der Familie
C. in der Gruppe

97. <u>Weil Muslime durch ihre Gemeinschaft unter Druck gesetzt werden können, ...</u>   (**3**)
A. möchten sie uns Christen lieber in der Fußgängerzone treffen
B. gehen sie lieber alleine in die Kirche, wenn auch sonst keiner drin ist
C. fürchten sie sich davor, erkannt zu werden, wenn sie in eine Kirche gehen

Auflösung

Die richtigen Antworten lauten:

a. Sachfragen
Islamische Kultur und Praxis
1.B; 2.A; 3.A; 4.C; 5.B; 6.B; 7.B

b. Begegnung
Grundeinstellung
8.B; 9.C; 10.B; 11.A; 12.A; 13.C; 14.A
Besuche
15.C; 16.A; 17.C; 18.B; 19.A; 20.B; 21.B; 22.C; 23.B; 24.B; 25.C; 26.A; 27.B; 28.A; 29.B; 30.C
Essen und Trinken
31.A; 32.C; 33.B; 34.A; 35.A; 36.B; 37.A; 38.C

c. (Glaubens-)Gespräch
Fragen stellen
39.B; 40.A; 41.C; 42.A; 43.C; 44.A; 45.C; 46.A; 47.A; 48.B; 49.C; 50.B; 51.C; 52.C; 53.C; 54.A; 55.C; 56.A; 57.B; 58.C; 59.A

Apologetik: Diskussion über strittige Fragen
60.A; 61.A; 62.C; 63.A; 64.B; 65.C; 66.A; 67.A; 68.A; 69.B; 70.A; 71.B; 72.B; 73.B; 74.C; 75.A; 76.B; 77.A; 78.B; 79.C; 80.A

Zum Glauben an Christus einladen
81.A; 82.B; 83.C; 84.A; 85.A; 86.C; 87.B; 88.A; 89.C; 90.A; 91.B; 92.A; 93.C; 94.B; 95.A; 96.A; 97.C

Für das Prüfungsergebnis addieren Sie bitte die Fehlerpunkte (max. **354**).

0-100: Sehr gut! Islamexperte!
100-150: Gut! Weiter so!
150-250: Befriedigend, ausbaufähig!

Über 250 Fehlerpunkte: Bitte informieren Sie sich!

Viele weitere Fragen finden Sie auf **www.orientdienst. de**. Auf dieser Seite können Sie z. B. den „Minikurs Islam" lesen und die erweiterte „Führerschein"-Prüfung ablegen.

9

Stichwortverzeichnis

10

Literatur- und
Medienverzeichnis

Hinweis: Die in diesem Buch gegebenen Quellen- und Materialhinweise bedeuten nicht, dass sämtliches Material ohne Einschränkung empfohlen wird. Es bleibt letzlich dem Nutzer überlassen zu prüfen, was er in eigener Verantwortung gemäß seiner persönlichen Einstellung und Überzeugung verwenden kann und will.

a. Literaturverzeichnis

Basiswissen Islam: Und wie Christen Muslimen begegnen können [Buch] / Verf. Maurer Andreas. – [s.l.] : Hänssler-Verlag, 2004.

Cross-Cultural Conflict: Building Relationsships for Effective Ministry [Book] / auth. Elmer Duane H. – [s.l.] : Intervarsity Press, 1994.

Das christliche Zeugnis in einer multireligiösen Welt – Empfehlungen für einen Verhaltenskodex, Hrsg. Ökumenische Rat der Kirchen, Päpstlicher Rat für den Interreligiösen Dialog, Weltweite Evangelische Allianz.

Die fremde Braut [Buch] / Verf. Kelek Necla. – [s.l.] : Goldmann Verlag, 2006.

Die verlorenen Söhne [Buch] / Verf. Kelek Necla. – [s.l.] : Amazon Media EU, 2011.

Gemeinsam Gott loben, für Kontakte zwischen Gemeinden deutscher und anderer Herkunft und Sprache. Autor: AMIN.

Gesprengte Ketten [Buch]. – Bielefeld : Christliche Literatur-Verbreitung e.V..

Gesprengte Ketten – 21 Lebensberichte [Buch] / Verf. Orientdienst. – Dortmund : Orientdienst.de, 2010.

Kleines Lexikon zur islamischen Familie [Buch] / Verf. Schirrmacher Christine. – [s.l.] : Hänssler-Verlag, 2002.

Murat findet Jesus: Junge Muslime entdecken Jesus Christus [Buch] / Verf. Wäsch Markus. – CV, Dillenburg, 2005.

Muslimische Kinder in christlichen Gruppen [Buch] / Verf. Orientdienst. – Dortmund : KEB, 2012.

orientdienst.de [Online] / Verf. Orientdienst-Internetseite. – 1. 4.2015. – http://www.orientdienst.de/praxis/erfahrungen/muslimische-kinder-in-christlichen-gruppen/.

Özlem findet Jesus [Buch] / Verf. Wäsch Markus. – CV, Dillenburg, 2007.

Scham- und Schuldgefühl [Buch] / Verf. Idea-Dokumentation. – [s.l.] : IDEA, 8/2005.

Sünde und Scham im biblischen und islamischen Kontext [Buch] / Verf. Lomen Martin. – [s.l.] : VTR, 2003.

Welcome Home Aischa und Ali finden Jesus – Was nun? [Buch] / Verf. Pietzsch Horst B.. – [s.l.] : The Printing Press Cape Town, 2008.

b. Bezugsadressen[90]

- AMIN-Kreise www.nur-fuer-auslaender.de und www.ead.de/arbeitskreise/migration-und-integration/arbeitskreis-migration-und-integration.html
- Apologetische Quellen: www.orientdienst.de/praxis/verteidigung-des-glaubens-apologetik, answering-islam.de und answering.org
- Arbeitshilfen zu einzelnen Fragestellungen im Umgang mit dem Islam (Blaue Reihe), hrsg. vom Arbeitskreis Islam der Deutschen Evangelischen Allianz: www.ead.de/arbeitskreise/islam/arbeitshilfen.html

- Christlicher Glaube und Islam, Heft der Deutschen Evangelischen Allianz (www.ead.de)
- Christlicher Plakatdienst e.V., Breite Str. 29, 51702 Bergneustadt, Tel.: 02261 98760-88, Fax: -89, E-Mail: info@c-plakat.de, Internet: www.c-plakat.de
- Deutsche Evangelische Allianz, Esplanade 5-10a, 07422 Bad Blankenburg, Telefon 036741 3212, E-Mail: info@ead.de, www.ead.de
- Deutscher Jugendverband „Entschieden für Christus" (EC) e.V., Leuschnerstraße 74, 34134 Kassel, Telefon: 0561 4095-0, www.ec-jugend.de
- Evangelischer Ausländerdienst e.V. (EAD), Ringofenstr. 15, 44287 Dortmund, Telefon: 0231 48923, E-Mail: info@EAD-direkt.de, www.ead-direkt.de
- Institut für Islamfragen: Berichte aus der islamischen Welt mit neusten Fatwas http://islaminstitut.de/
- Institut für Islamfragen der Evangelischen Allianz in Deutschland, Österreich, Schweiz (IFI), Postfach 7427, 53074 Bonn, www.islaminstitut.de
- Linkliste vom Orientdienst: www.orientdienst.de/download/links
- Literaturliste vom Orientdienst: www.orientdienst.de/wp-content/uploads/2012/04/1-Literaturliste-Islam-2015.doc
- Marburger Medien http://marburger-medien.de/
- Medien: www.orientdienst.de/muslime/medien-literatur/
- Mission für Süd-Ost-Europa (MSOE), Hommeswiese 132, 57258 Freudenberg, Telefon 02734 28478-0, E-Mail: info@MSOE.org, www.MSOE.org
- Orientdienst e.V., Ringofenstr. 15, 44287 Dortmund, Telefon: 0231-9098075, E-Mail: info@orientdienst.de, www.orientdienst.de

Zum Weitergeben

<u>Bibeln</u>

- Faith Comes By Hearing; Audiobibel, Apps, Podcast; www.faithcomesbyhearing.com/ und www.bible.is/; viele Sprachen
- Global Recordings Network (GRN); biblische Audio-Geschichten, Link zum Jesus-Film, als App fürs Smartphone oder via Internet; http://5fish.mobi/regions; viele Sprachen
- ERF Medien, Deutsche Bibelgesellschaft, SCM u.a.; Online Bibeln; www.bibleserver.com; 21 Sprachen
- Bible Gateway; Online Bibeln, Andachten, Audiobibeln, auch als Smartphone App; www.biblegateway.com; ca. 55 Sprachen
- Evangelischer Ausländerdienst; Bibeln und Bibelteile in verschiedensten Sprachen; www.ead-direkt.de; viele Sprachen
- GBV Dillenburg; „Reines Gold" – Bibelworte zu Schöpfung, Sünde Vergebung...; „Ein Brief für Dich" – Hinführung zur Bibel; Eiershäuser Str. 54; 35713 Eschenburg info@gbv-dillenburg.de; Arabisch und andere Sprachen
- Christliche Verlagsgesellschaft Dillenburg; NT – Deutsch/Arabisch, Best.-Nr. 271.218; Kinder-Mal-Bibel in Türkisch, Arabisch, Französisch u. m.; NeÜ Bibel.heute – eine Übersetzung in zeitgemäßer Sprache, Best.-Nr. 271.301, www.cv-dillenburg.de

<u>Traktate / Flyer</u>

- www.traktate.com/lifetracts_traktate.php
- www.ajh-info.de/flyer/flyershop
- www.chick-gospel.de
- www.marburger-medien.de/medien/andere-sprachen
- www.mission-evangelisation.de
- www.ead-direkt.de

- www.tpi-flyer.de/index.html
- www.vdhs.com
- www.christliche-schriften.ch/traktate-suchen.html
- http://missionswerk-heukelbach.de/
- http://bruderhand.de/traktate/evangelistisch
- www.msoe.org/shop
- Verbreitung Christlicher Schriften; PDF-Traktate zum kostenlosen Download in vielen Sprachen; Postfach; CH-2500 Biel 8; Telefon: +41 32 341 39 30; info@dclit.net; www.dclit.net

Bibelkurse

- Pakistan Bible Correspondence Institute (PBCI); Bibelfernkurs; www.pbcikarachi.com; Urdu, Englisch
- 9 Studies for Seekers; Chronologischer Bibelkurs; Tobias Schultz, Tobias.Schultz@om.org; Englisch
- Seemannsmission; 12-teiliger evangelistischer Köprü-Kurs; www.kutsalkitap.de/indirmedownloads; Türkisch
- 5-teiliger evangelistischer Dinin Ötesinde Kurs; www.kutsalkitap.de/indirmedownloads; Türkisch
- New Tribes Mission; 50-teiliger Tarihi Sohbet-Kurs (Building on firm foundations); www.kutsalkitap.de/indirmedownloads; Türkisch
- New Tribes Mission; Emmaus Yolunda; 15-teiliger Kurs; Bist du der Einzige, der nicht weiß, was geschehen ist?; www.orientdienst.de/praxis/gesprachs-tipps/bibelstudium-mit-turken und www.ntm.org Türkisch, Deutsch, Englisch, Arabisch u.a.
- New Tribes Mission; Auf festen Grund bauen / Building in Firm Foundations; www.ntm.org; Deutsch, Englisch, Arabisch u.a.; 100 Soru, „100 Fragen"
- 100 Themen in Koran und Bibel; www.orientdienst.de/download Türkisch

Filme

- Campus Crusade for Christ; Jesus-Film; Magdalena etc.; http://jesusfilmmedia.org/ und www.campus-d.de/mit-machen/material/jesusfilm.html; 1100 Sprachen
- Kenneth Bailey; „Der ganz andere Vater"; Gleichnis vom „Verlorenen Sohn" aus orientalischer Sicht; mit Theaterstück; auf Arabisch verfilmt; www.neufeld-verlag.de; Ausschnitt: www.youtube.com/watch?v=ZnHN5_coKsc; Deutsch
- Arabisch; God of Wonders (Szenen aus Natur, mit evangelistischen Impulsen; www.godofwondersvideo.org

Telefonangebote

- ERF Medien; Telefonandacht, Gebet, Segensworte in Audio Format; www.erf.de/international/fremdsprachige-angebote/telefonangebot/4348?reset=1 ; Tel. 06441 20816- plus Nummern 11-36 für verschiedene Sprachen; 26 Sprachen

Kalender / Literatur

- Orientdienst; Tagesabreißkalender – evangelistisch; in Türkisch; www.orientdienst.de
- Call of Hope; Terminkalender mit Bibelversen; www.call-of-hope.com/new/site/index.php Arabisch, Englisch
- Call of Hope; Wandkalender; www.call-of-hope.com/new/site/index.php Arabisch, Englisch
- Mission für Süd-Ost-Europa; „Leben"-Kalender; Postfach 11 11 01, 57081 Siegen, info@msoe.org – www.msoe.org; viele Sprachen
- Arabische Evang. Gemeinde Stuttgart; Evangelistische und erbauliche Literatur für Muslime (Literaturliste kann angefordert werden); info@arabic-church.com, Arabisch, Deutsch
- Life Agape / Arabische Evang. Gem. Stuttgart; Der

Messias (Kurze Lebensgeschichte Jesu, ausgehend von alttestamentlichen Verheißungen, bilingual); info@arabic-church.com, Arabisch-Deutsch

Internet / Apps

- kostenlose Bibel App; www.inyourlanguage.org; Viele Sprachen
- Youtube Selam Bruk; Apologetische Filme, Vergleich Islam – christlicher Glaube; www.youtube.com/watch?v=7Ax3XIXUyag; Deutsch
- Isaac TV; Predigten u.a.; http://isaactelevision.tv/; Urdu, Punjabi, Hindi, Englisch
- Sat 7; Christlicher Fernsehsender, Erwachsene und Kinder, auch als App fürs Smartphone; www.sat7.org/en/; Arabisch, Farsi, Türkisch
- Christian Literature Crusade; Christliche Bücher/Buchladen (auch online); www.clcinternational.org, z.B. Indonesien: www.yakinclcindo.com; in ca. 52 Ländern / Sprachen vertreten
- Mars Hill Productions; Film über die „Hoffnung", 80 Minuten, evangelistisch ausgerichtet, roter Faden durch die Bibel, online anzusehen oder als DVD zu bestellen; Studienhilfe/Glaubenskurs parallel dazu erhältlich (Digitale Version / Printversion); www.thehopeproject.com www.mars-hill.org/store/hope; – 12 Sprachen (online), z.B. Arabisch, Farsi, ... – ca. 45 Sprachen als DVD
- Our Daily Bread Ministries, RBC Ministries; Andachten, Bibellesehilfen, erhältlich als Print, online, als App; http://ourdailybread.org/; 15 Sprachen (online), 44+ als Print
- Al-Kitab Scripture Research Institute; Bibelkurse für Muslime, um diese besser kennenzulernen (Kontextualisiert für Muslime); www.al-kitab.org/index.html; Englisch

- Biblica; Bibel online oder als PDF download oder als Audio- oder als Print-Version (bestellbar); www.biblica.com/en-us/bible/bible-versions; ca. 29 Sprachen

Glaubens- und Taufkurse
- EMO; Glaubensgrundkurs (u. a. Vaterunser, Apostolisches Glaubensbekenntnis); EMO; info@emo-wiesbaden.de; Deutsch und Arabisch
- Martin Luther; Kleiner Katechismus; Lutherisches Verlagshaus; www.einfach-evangelisch.de
- Glauben wagen – Ein zweisprachiger Glaubens- und Taufkurs; Oncken Verlag (nicht im Buchhandel erhältlich, sondern nur direkt beim Verlag). Link inkl. Leseprobe: www.portal-oncken.de/shop/si/hauskreis/glaubenskurse.php?categories=,11,&artikel=15239; Deutsch und Farsi
- Arabische Evang. Gemeinde Stuttgart; Grundtexte christlichen Glaubens (Vaterunser, Glaubensbekenntnis etc.); Arabische Evangelische Gemeinde Stuttgart; info@arabic-church.com
- Protestant Reformed Church; Heidelberger Katechismus; www.cprf.co.uk/languages/heidelberg_arabic.pdf; Arabisch
- SELK Lutherische Kirchenmission (Bleckmarer Mission); Glauben – Bekennen – Handeln. Unterrichtshilfe für den kirchlichen Unterricht: Katechismus und Bibelkunde (übers.); Kleiner Katechismus von Luther; Luther. Kirchenmission; Teichkamp 4, 29303 Bergen; 05051/986911; lkm@selk.de; Persisch
- EKD / VEF; Zum Umgang mit Taufbegehren von Asylsuchenden (Handreichung mit hilfreichen Tipps zum Thema; kein Taufkurs); www.ekd.de/EKD-Texte/90777.html; Deutsch
- VERTIKAL – Kurs auf Gott, evangelistischer Kurs (CLV /

nightlight-station e.V. – Weitere Infos zum »Vertikal«-Kurs siehe www.vertikalkurs.de

Weiterführung im Glauben

- Al Kitab – Das Buch (Einführung in die Bibel für Muslime, mit Fragen zum Selbststudium); Gerhard Nehls, R.Brockhaus Verlag (deutsche Ausgabe erhältlich über EAD Dortmund; engl. und franz. Ausgabe über LCA Nairobi: info@lifechallenge.de); Deutsch, Englisch, Französisch
- Türkisches Studienmaterial; www.tevratzeburincil.org; Auch als Online-Kurs: www.kutsalkitap.de; Türkisch
- 16-teiliger Hristiyan Hayatin Temelleri Kurs für Neugläubige und Anleitung zur Jüngerschaft; www.kutsalkitap.de/indirmedownloads
- Türkisch; 50-teiliger Online-Bibelkurs; von Azerbajdschan; www.mesihinyolu.de; Türkisch
- ERF-Medien; Radiosendung „Through the Bible"; www.erf.de/international/fremdsprachige-angebote/telefonangebot/tuerkisch/1290, Türkisch u.a. Sprachen
- Bruderhand, Manfred Rössler; „Inancin Temeli" – „Neues Leben mit Jesus". Für Christen gedacht, die erst neu zum Glauben gekommen sind; www.bruderhand.de, Missionswerk Die Bruderhand e.V., Waldweg 3, D-29342 Wienhaus, Telefon: 05149-98910; Türkisch, Deutsch
- 12-teiliger Kurs Tanri'yi Tanimak. Ist mehr für gebildete Türken. Deutsch: „Gott erfahren"; www.orientdienst.de; Türkisch, Deutsch
- Alpha Kurs; www.alphakurs.de; Farsi, Türkisch, Deutsch, u.a.
- EAD; Die Losungen; www.ead-direkt.de; Arabisch
- EAD; Tagesabreißkalender „Der Herr ist nahe"; www.ead-direkt.de

Anhang:
Beispielgeschichten für
Gespräche mit Muslimen

Im Folgenden finden Sie einige Skizzen, Situationsbeschreibungen und kurze Geschichten. Einige Beispiele stammen von Adnan Al-Masoud, Pastor einer Arabisch sprechenden Gemeinde im Liebenzeller Gemeinschaftsverband (gekennzeichnet mit AAM). Sie können Ihnen helfen, im Gespräch mit Muslimen Ihre Aussagen und Argumente anschaulicher zu machen. Diese Illustrationen sind auch in Gesprächen mit Nicht-Muslimen verwendbar – und sicherlich in ähnlicher Form auch bereits eingesetzt worden. Wir fügen sie hier ein, weil sie speziell auf manche Fragen und Argumente von Muslimen eingehen. Benutzen Sie diese Beispiele auch als Anregungen, selber weiter nach hilfreichen Illustrationen zu suchen oder sich selber welche auszudenken!

1) Als erstes ein Gleichnis, das **uns** anspricht. Es macht anschaulich, warum es wichtig ist, dass wir uns in die Situation von Muslimen hineinversetzten. Dann werden wir ihnen nicht so schnell etwas „überstülpen".

Verstehe den Muslim: Nimm nicht gleich eine apologetische Verteidigungshaltung ein, sondern stelle Fragen!

Ein Junge bekommt eine **Maus als vermeintliche „Katze"** geschenkt. Weil er noch nie eine Katze oder eine Maus gesehen hat, freut er sich über die vermeintliche „Katze", die eine Maus ist. Alle Verwandten loben die „Katze", weil sie auch noch nie vorher eine gesehen haben. Jetzt kommt ein Katzenkenner zu Besuch und sagt: „Das ist aber gar keine Katze, sondern nur eine Maus!" Ihr könnt Euch vorstellen, dass sich der Sohn erst einmal verteidigen muss, dass er wirklich eine Katze habe … Genauso verhalten sich Muslime, wenn wir ihnen sagen, die Rettung liegt in Jesus, nicht in islamischer Religiosität … (AAM)

2) Du bist wertvoll in Gottes Augen. – Nimm zwei Fünf-Euro-Scheine. Einer zerknittert, schmierig, zertreten (tritt auf ihn), bespuckt. Ein anderer geschniegelt, sauber, parfümiert, edel. Ich frage dich: Welcher ist mehr wert? Beim Einkauf, meine ich. – Gleichviel? – Wirklich? Genau das gleiche gilt bei Gott in Bezug auf uns Menschen. Du bist wertvoll in Gottes Augen! Auch mit aller Schuld, aller Unreinheit und allem Versagen! So wertvoll, dass er selbst auf diese Welt kam, um dich zu retten!

3) Drei islamische Kernaussagen beantworten!
a. Gott ist _einer_ und doch drei: Vater, Sohn und
 Heiliger Geist
Nehmen Sie **drei Ein-Euro-Münzen** und legen Sie diese so deckungsgleich aufeinander, dass von oben nur eine Münze sichtbar ist, und fragen Sie Ihr Gegenüber: „Was siehst du?" Bei oberflächlicher Betrachtung scheint es eine einzige Münze zu sein, weil die drei völlig deckungsgleich übereinanderliegen. Doch bei näherer Betrachtung offenbart sich, dass es doch drei sind. Eins und doch drei.

Der über alles erhabene Gott ist ein einziger Gott! Und doch hat er sich uns offenbart: als einer und zugleich drei: Vater, Sohn und Geist. Gott ist eben größer! Viel größer als unser Denken! Eins und doch drei.

b. Gott ist *allmächtig* und wird doch klein in Jesus Christus

Eine erdachte Geschichte kann dies veranschaulichen: Stellen Sie sich vor, die **Bundeskanzlerin Angela Merkel beschließt eines Tages, sich unter die Bevölkerung zu mischen**, verkleidet und geschminkt, um nicht erkannt zu werden. Sie besucht ein kleines Dorf und spricht mit der Marktfrau und dem Landschaftsgärtner über deren Probleme. Die beiden erkennen die Kanzlerin nicht als die höchste Politikerin ihres Landes und reden frei heraus über ihre Situation. Kann die Kanzlerin manche ihrer Probleme mit einer einzigen Anweisung bewältigen? – Ja! Hat sie durch ihr unscheinbares Äußeres ihre Ehre und Macht verloren? – Nein! Genau das Gegenteil! Sie zeigt dadurch, dass sie ihre Macht sehr ehrenhaft verwendet und richtig einsetzt.

Der allmächtige Gott kommt und wird ganz klein auf dieser Welt. Er wird Mensch, um uns zu retten. Dabei zeigt er seine wahre Größe!

c. Gott ist mit Sicherheit *barmherzig* in Jesus Christus

Ein Ereignis kann bei dieser Frage helfen: Die Bundeskanzlerin **Angela Merkel strandete** Mitte April 2010 mit ihrem Dienstflugzeug wegen der atmosphärischen Asche aus einem isländischen Vulkan auf einem Flughafen und musste spontan in einem Hotel übernachten. Sie war froh über das Hotel. Aus Dankbarkeit könnte sie im persönlichen Gespräch dem Hotelbesitzer für den 1. Juni versprochen haben, dass er sie **zu einer persönlichen Audienz** in Deutschland besuchen darf. Weil sie nun mal Kanzlerin ist, kann sie ja machen, was sie will! Oder? Kann sie der Hotelbesitzer zur Rechenschaft ziehen, wenn sie ihr Wort nicht hält? Nein! Doch sie hält das Versprechen ein und alle, die davon hören, sind begeistert! Warum hält sie es ein? Weil sie ein Versprechen gegeben hat! Der wahre Mächtige hält sich an sein Wort, auch wenn niemand einen Wortbruch seinerseits bestrafen könnte.

Wenn Gott zu dir sagen würde: „Du kommst zu mir ins Paradies!" Was würdest du dann sagen? Kann Gott machen, was er will? – Ja! Hat er denn Menschen vorhergesagt, dass sie, wenn sie dem Sohn Gottes glauben, mit absoluter Sicherheit in den Himmel kommen werden? – Ja! Z. B. im Johannesevangelium, Kapitel 5 Vers 24, und im 1. Johannesbrief, Kapitel 5 Verse 11-13, hat Gott genau das getan.

4) Direkter Zugang zum Großen? Du bist in Deutschland vielleicht sogar deutscher Staatsbürger geworden. Du hast die gleichen Rechte und Pflichten wie jeder Deutsche. Du **schreibst also eines Tages Angela Merkel**, der Bundeskanzlerin, 500 Briefe, 20 Emails, 10 Faxe, um sie morgen um 10 Uhr zu treffen. Wird das klappen? Wird sie erscheinen? Nein! Erst einmal musst du einen Antrag stellen, und der geht dann von Büro zu Büro und irgendwann einmal bekommst du eine Antwort, ob das geht.

Aber wenn Angela Merkel dich morgen um 10 Uhr sprechen will? Da reicht ein Anruf, und wenn du nicht willst, holen sie dich mit dem grünen oder blauen Auto ab. Du bist ein Mensch, sie ist ein Mensch, doch weil sie eine andere Position hat, kannst du dir keinen Weg zu ihr bahnen. Der Kleine kann nie den Weg zum Großen bauen, sondern nur umgekehrt. Und noch viel schwieriger ist es mit dem Allmächtigen. Wie willst du den Unsichtbaren erreichen? Du kannst ihm nur begegnen, wenn er zu dir kommt.

Du hast mir von deinen guten Taten erzählt. Ich bin stolz auf dich für diese guten Taten. Dafür hast du Lob verdient. Aber was ist mit den Hunderten von bösen Taten, die du begangen hast? Vor mir kannst du sie verbergen, aber nicht vor Gott! (AAM)

5) Das letzte Buch (der Koran) ist immer das gültige Buch?

Muslime argumentieren: „Wenn dir ein **Daimler Benz** von 2010 und einer von 1999 angeboten wird, welchen würdest du nehmen? – Klar, den moderneren von 2010!" Was können wir darauf antworten?

Ein anderes Beispiel zeigt genau das Gegenteil, wenn es um die Wahrheit geht.

Was denkst du, was kommt **zuerst? Das Original oder die Fälschung?** Auch im Koran wird von Adam, Abraham und anderen Bibelinhalten gesprochen. Nehmen wir an, ich möchte einen **Zwanzig-Euro-Schein** fälschen. Es wäre dumm, wenn ich dann ein x-beliebiges gelbes Papier nehmen würde, um die Blüten zu drucken. Das erkennt doch jeder als Unsinn. Doch wenn ich es richtig machen will, schaue ich haargenau hin: das richtige Blau, das Wasserzeichen, der Faden ...

Wer fällt dann darauf herein? Nur wer sich in der Währung nicht genau auskennt! – Bekehrungen zum Islam gibt es, aber diese Leute waren vorher keine Christen oder haben vergessen, was echt ist. Die Blüten haben keinen Wert. Deine ganze Arbeit an den Blüten hat nur eins verdient, Strafe, eine harte Strafe, egal, wie sehr du dich bemüht hast (Mohammeds Mühe mit dem Islam). Gab es vor dem 1. Januar 2002 schon Euroblüten? Nein, denn da gab es nur die D-Mark. Erst kommt das Original, dann die Fälschung, nicht umgekehrt, wie es behauptet wird (Bibel gefälscht, dann der Koran). (AAM)

6) Bibel oder Koran?

Warum bist du Christ und kein Moslem? – **Wem würdest du bei einem Autounfall glauben**: 40 Zeugen, die unabhängig voneinander sagen, dass der Mercedes bei Rot über die Kreuzung fuhr und den Minibus mit der Familie rammte, sodass er samt Insassen ausbrannte, oder einem einzigen Zeugen, der selbst im Mercedes saß und behauptet, der Minibus sei gar nicht so wichtig und man könne nur froh sein, dass nichts Schlimmeres passiert sei? Würdest du einem Buch glauben, das innerhalb von 1600 Jahren von 40 Zeugen auf übereinstimmende Weise geschrieben wurde mit einer einheitlichen Botschaft – oder einer einzigen Person, die diesen 40 Zeugen widerspricht und ihr Buch innerhalb von 23 Jahren verfasste?

7) Behauptung: Die Bibel ist falsch, weil …
Wenn wir etwas nicht gleich verstehen, heißt das nicht, dass es so etwas nicht gibt. Menschen essen doch auch das Produkt einer **schwarzen Kuh, die grünes Gras** frisst, worauf sie **weiße Milch** gibt, aus der dann **gelbe Butter** gewonnen wird. Auch ohne es zu verstehen, wie es zu diesen Farbveränderungen kommt, essen wir es. So auch die Bibel, sie hat folgende Auswirkungen in meinem Leben …

Hier können Sie Ihre eigenen Erfahrungen mit der Bibel, dem lebendigen Wort Gottes, anfügen.

8) Erklärung zur Sünde: In Deutschland kommt es
jährlich zu Millionen **Gerichtsverfahren**. Das verwundert nicht. Denn wo Menschen zusammenleben, gibt es Konflikte. Man wird aneinander schuldig, ob gewollt oder nicht. Wer mir z. B. eine **Delle** ins geparkte Auto fährt, muss für den entstandenen Schaden aufkommen. Alles andere wäre ungerecht.

Wird Schuld nicht angesprochen und geklärt, werden Beziehungen in Mitleidenschaft gezogen. Will z. B. derjenige, der mir die Delle ins Auto gefahren hat, nichts bezahlen, werde ich natürlich ärgerlich. Unsere Beziehung ist gestört – weil die Schuld nicht aus der Welt geschafft ist.

Beziehungen, in denen ich nicht über ungeklärte Fragen und Schuld spreche, verschlechtern sich zusehends. Das gilt unter Menschen genauso wie für die Beziehung zu Gott.

9) Gute Taten wiegen keine Sünden auf!

Stell dir vor, wir kommen auf die Idee, **Dokumente zu fälschen** ... Man entdeckt uns. Wir stehen dann vor dem Richter. Was wird er tun? Wird er sagen: „Ihr habt niemanden ermordet, keinen vergewaltigt, niemanden entführt, ihr seid nett zu euren Eltern gewesen, ... Also, ihr habt fünf, sechs gute Sachen gemacht, nur eine war böse. Deshalb lasse ich euch frei, geht nach Hause!"? Sagt das ein Richter? Nein! Gottes Gerechtigkeit ist noch viel schärfer als die des Richters! Wegen *einer* schlechten Sache kommen wir hier schon ins Gefängnis! Wie viel mehr dort! Dass wir etwas Gutes machen, ist normal, Standard und Pflicht in Gottes Augen. (AAM)

10) Gute Taten wiegen keine Sünden auf!

Die **Ampel steht auf Rot**. Du hast angehalten. Kommt da ein Polizist, der dich beobachtet hat, und sagt zu dir: „Prima haben Sie das gemacht, Sie sind bei Rot stehen geblieben. Sie bekommen zehn Euro dafür!" Das macht doch kein Polizist! Wenn du aber bei Rot drüberfährst, verlierst du den Führerschein für einen Monat und bekommst noch eine Geldstrafe und 4 Punkte obendrauf. Gute Taten sind nur deine Pflicht! (AAM)

11) Gute Werke erscheinen im Licht Gottes wie Schmutz

Eine Frau wäscht und hängt ihre **weiße Wäsche** zum Trocknen **auf die Leine**. Weil sie noch nicht ganz trocken ist, lässt sie sie über Nacht hängen. Am nächsten Morgen kommt sie aus der Haustür und ist schockiert. Die ganze

Wäsche sieht schmutzig und grau aus. Woher kommt das? Über Nacht hatte es geschneit, und im Vergleich zum blendend weißen Schnee sind all ihre Waschbemühungen umsonst gewesen.

12) Stellvertretung ist unter bestimmten Umständen möglich!

Muslime sagen, es gäbe keine Stellvertretung. Das stimmt in manchen Situationen.

Wir schreiben beide eine Klausur. Weil ich eine gute Note habe, versuche ich für dich, einen Mitschüler mit schlechten Noten, ein gutes Wort beim Lehrer einlegen und sage zum Lehrer: „Können Sie ihm bitte auch eine 1 geben?" Was würde der Lehrer sagen? Das geht nicht! D. h. jeder geht für sich selbst in die Prüfung. (AAM) – Und wir alle haben die Prüfung nicht bestanden in Gottes Augen!

Ein anderes Beispiel zeigt jedoch, dass bei einer Person Stellvertretung sehr wohl möglich ist.

Du hast **Schulden bei einer Bank**. Sie will das Geld zurück, doch du bist zahlungsunfähig und bekommst Ärger, und am Ende wartet Ruin, vielleicht sogar das Gefängnis. Also gehst du mit dem Problem zu mir, deinem Freund. Und ich sage: „Ich will dir helfen." Wir gehen zusammen zur Bank. Die schauen nach meinem Konto. Wenn sie sehen, dass ich selbst Schulden habe, dann sagen sie: „Was wollen Sie denn hier. Gehen Sie! Sie brauchen ja selbst Hilfe!" Auch wenn ich dir von ganzem Herzen helfen möchte, geht es nicht, weil ich selbst Hilfe brauche. Wenn ich aber genügend Geld auf dem Konto habe, bin ich glaubwürdig und kann helfen.

Wenn ich deine Schulden mit meinem Geld bezahle, bist du schuldenfrei, auch wenn es nicht dein Geld ist, sondern meins. Was glaubst du: Wird die Bank nach einigen Monaten noch einmal kommen und zu dir sagen: „Hey, das war ja gar nicht Ihr eigenes Geld. Wir wollen Ihr Geld!" Wird das eine Bank machen? Nein! Tatsache ist, es ist nicht dein Geld, aber es wurde auf deinen Namen eingezahlt. Das gilt und macht dich schuldenfrei.

Du brauchst also einen schuldenfreien Bürgen, der bereit ist, für dich zu zahlen. Wer ist diese Person? (AAM)

13) Gehen wir als Muslime etwa verloren?

Ein Schlüssel ist verloren, verlegt. Weiß denn der Schlüssel, dass er verloren ist? Nein! Aber ich als Schlüsselbesitzer weiß es und es wurmt mich. So ist es auch mit denen, die verloren sind: Sie wissen es nicht, doch der Besitzer sucht sie bereits ...

Orientdienst e.V. –
eine Information

Seit seiner Gründung 1963 ist es dem Orientdienst wichtig, Muslimen in Deutschland die Möglichkeit zu geben, die Gute Nachricht kennenzulernen. Er produziert und verbreitet Medien für Migranten, pflegt Kontakte zu Muslimen und Konvertiten, führt türkische Familien-Konferenzen durch, unterstützt Gemeindebau mit Konvertiten. Er bietet Gemeinden Seminare und Workshops an, informiert und ermutigt durch die Zeitschrift „Orientierung", bietet Fachliteratur in Deutsch an, verhilft Christen zu inter-kultureller Kompetenz.

Der Orientdienst kann dies alles tun, weil sich viele Partner durch Gebet und Gaben beteiligen. Wir alleine können diese Arbeit nicht bewältigen. Es sind viele Christen gefragt, sich mit ihrer jeweiligen Begabung einzubringen, denn unser Dienst baut auf persönliche Begegnung im Gespräch und auf die Freundschaft zum Einzelnen. Vielfältige Projekte wie die Videoproduktion für Muslime und Christen warten auf Ihre Mithilfe.

Als Mail können Sie den „Newsletter" erhalten. Gerne senden wir Ihnen unsere Zeitschrift „Orientierung" zu, die viermal im Jahr erscheint. Schreiben Sie an:

Orientdienst e.V. | Postfach 410161 | 44271 Dortmund | info@orientdienst.de | www.orientdienst.de

Anmerkungen

1 www.ead.de/gebet/30-tage-gebet/editorial.html
2 http://www.murat-findet-jesus.de/
3 http://www.mission-for-you.info/wandernde-bue-cher/markus-waesch-oezlem-findet-jesus.php
4 http://clv.de/Buecher/Evangelistisches/Zeugnisbue-cher/Gesprengte-Ketten.html
5 http://www.orientdienst.de/download/
6 http://www.orientdienst.de/praxis/erfahrungen/muslimische-kinder-in-christlichen-gruppen/
7 http://www.orientdienst.de/praxis/erfahrungen/muslimische-kinder-und-jugendliche/
8 http://www.orientdienst.de/praxis/erfahrungen/schweizer-erfahrungen-mit-muslimischen-kindern/
9 http://www.bmfsfj.de/
10 http://www.de.fgulen.com
11 www.guelenbewegung.de
12 http://gulenschools.org/
13 www.way-to-allah.com
14 www.bildungsbericht.de
15 http://www.ead.de/arbeitskreise/migration-und-inte-gration/downloads.html
16 www.amin-deutschland.de
17 www.migration.evpfalz.de
18 http://fluechtlingsrat-bw.de Direkter Link zum Download: http://bit.ly/21r63gQ
19 Pressemitteilung zur Radikalisierung unter isolierten

Migranten, 22.02.2010; http://www.islaminstitut.de/ uploads/media/PM0049.pdf

20 die erste der „Fünf Säulen" des Islam; siehe nächste Anmerkung.

21 Aussprechen des Glaubensbekenntnisses, rituelles Gebet (5-mal täglich), Fasten im Monat Ramadan, Almosen geben, Pilgerfahrt nach Mekka.

22 http://www.orientdienst.de/download/

23 http://www.orientdienst.de/praxis/gesprachs-tipps/ prophetien-uber-jesus/

24 http://www.orientdienst.de/praxis/gesprachs-tipps/ illustrationen-im-gesprach-mit-muslimen/

25 http://www.orientdienst.de/wp-content/uploads/Ist-Jesus-Am-Kreuz-Gestorben.pdf

26 http://www.orientdienst.de/muslime/minikurs/ehre_ schande_lebenskonzept/

27 http://www.orientdienst.de/muslime/analyse/zehn-gebote-auch-im-islam/

28 www.answering-islam.de

29 www.answering-islam.org

30 http://www.youtube.com/channel/UCROoMh-nu4p6mNPlACmLdEdA

31 http://www.orientdienst.de/praxis/verteidigung-des-glaubens-apologetik/

32 http://www.orientdienst.de/praxis/gesprachs-tipps/ prophetien-uber-jesus/

33 http://www.orientdienst.de/praxis/gesprachs-tipps/ prophetien-von-jesus/

34 www.dclit.net "Eigene Publikationen"

35 http://www.orientdienst.de/muslime/medien-litera-tur/deutsche-literatur/

36 www.youtube.com/watch?v=xmAbQd1-ckc

37 http://www.answering-christianity.com/101_bible_ contradictions.htm

38 http://www.debate.org.uk/debate-topics/apologetic/contrads/
39 http://www.orientdienst.de/praxis/anknupfen-durch-widerspruch/
40 http://www.orientdienst.de/download/
41 www.ead.de/fileadmin/daten/dokumente/arbeitskreis_islam/20_Modelle_des_Umgangs_mit_dem_Koran.pdf
42 http://www.orientdienst.de/praxis/gesprachs-tipps/bibelstudium-mit-turken/
43 http://alphakurs.de/alpha/die-alpha-kurse/
44 http://www.orientdienst.de/praxis/erfahrungen/neue-denkweise-bei-konvertiten/
45 http://www.ecja.de/Woodytown.html
46 http://www.orientdienst.de/praxis/gesprachs-tipps/verschenken-sie-weihnachten-muslimische-weih-nachtsgaeste/
46a http://www.orientdienst.de/praxis/deutschlernen-fuer-migranten/
47 www.graf-gutfreund.at
48 http://www.dw.de/deutsch-lernen/jojo-staffel-1/s-31564
49 http://www.dw.de/deutsch-lernen/deutsch-unterrichten/s-2233
50 http://www.aufgaben.schubert-verlag.de/index.htm
51 www.hueber.de/deutsch-als-fremdsprache/
52 https://shop.hueber.de/miteinander
53 http://deutsch-lerner.blog.de/ oder http://deutschlernerblog.de
54 http://www.wirtschaftsdeutsch.de/lehrmaterialien/index.php
55 http://www.ralf-kinas.de/
56 http://wycliff.de/fluechtlinge/fluechtlinge-lernen-deutsch/

57 http://growingparticipatorapproach.wordpress.
com/502-words-that-can-be-learned-with-total-phys-
ical-response-tpr-by-domain/

58 http://growingparticipatorapproach.wordpress.com/
feeling-pictures-1a11/

59 http://growingparticipatorapproach.wordpress.com/
color-phase-1a-graphics/

60 http://www.crosswire.org/bibledesktop/

61 http://www.orientdienst.de/praxis/erfahrungen/
deutsch-lernen-ein-problem/

62 http://www.orientdienst.de/download/

63 http://www.erf.de/international/fremdsprachige-
angebote/telefonangebot/4348?reset=1

64 http://www.orientdienst.de/wp-content/
uploads/2012/04/11-sprachiger-Flyer-DavidGoliath-
f%C3%BCr-Frankfurt-klein.pdf

65 http://www.campus-d.de/mitmachen/material/jesus-
film.html

66 http://www.visiom.org/

67 http://www.youtube.com/channel/UC2qbBKTlbISjDsI
_pnzhr1w

68 www.entdeckerseiten.com

69 http://www.c-plakat.de/

70 http://de.wikipedia.org/wiki/Bookcrossing

71 http://goqr.me/de/

72 www.bible.is/audiodownloader

73 www.naechstenliebe-befreit.de

74 www.youtube.com/user/BibelundKoranTeam

75 http://www.orientdienst.de/praxis/verteidigung-des-
glaubens-apologetik/

76 868-4200, Glaubt und lasst euch taufen, Vic. Jack
Lehr- und Arbeitsheft über Glaubens-Taufe. Mit
Beispielen, Illustrationen u. Diskussionsfragen. Für
Taufanwärter. *İnanın ve vaftiz olun*, auf http://www.

orientdienst.de/muslime/medien-literatur/turkische-und-kurdische-literatur/

77 http://www.vef.de/erklaerungen/

78 http://www.ekd.de/EKD-Texte/weitere_texte.html

79 http://www.onckenverlag.de/glaubenskurse-oncken-verlag.0.html

80 http://www.emo-wiesbaden.de/

81 http://www.selk.de/index.php?option=com_content&view=article&id=4250:kleiner-katechismus-deutsch-farsi&catid=1:aktuell&Itemid=3 kostenloser Bezug über LKM@selk.de

82 http://www.ekd.de/download/taufbegehren_von_asylsuchenden_2013.pdf

83 http://www.answering-islam.org/Gilchrist/Sharing/

84 www.freedominchrist.eu

85 http://www.ead.de/fileadmin/daten/dokumente/arbeitskreis_amin/GemeinsamGottLoben.pdf

86 http://www.ead.de/gebet/30-tage-gebet/editorial.html

87 http://www.ead.de/arbeitskreise/migration-und-integration/arbeitskreis-migration-und-integration.html und http://www.nur-fuer-auslaender.de/

88 info@amin-deutschland.de oder http://ea-n.com/projekte/amin_d.html

89 http://liebenzeller-gemeinde-stuttgart.de/index.php?id=53

90 http://www.orientdienst.de/download/materialliste-bezugsadressen/

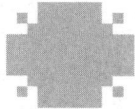

Buchempfehlungen

Nabeel Qureshi
Allah gesucht – Jesus gefunden
Eine außergewöhnliche Biografie

Nabeel Qureshi wächst in einem liebevollen muslimischen Zuhause auf. Schon in jungen Jahren entwickelt er eine Leidenschaft für den Islam. Dann entdeckt er – fast schon gegen seinen Willen – unwiderlegbare Beweise für die göttliche Natur und die Auferstehung Jesu Christi. Die Wahrheit über die Gottessohnschaft Jesu kann er nicht länger leugnen. Doch eine Konvertierung würde automatisch die Trennung von seiner geliebten Familie bedeuten. Qureshis Kampf und die innerliche Zerreißprobe werden Christen ebenso herausfordern wie Muslime und jeden, der sich für die großen Weltreligionen interessiert.

Eine Geschichte über den inneren Konflikt eines jungen Mannes, der sich zwischen Islam und Christentum entscheiden muss und schließlich seinen Frieden in Jesus Christus findet.

Gebunden, 416 Seiten, 13,5 x 20,5 cm
Best.-Nr. 271.156
ISBN 978-3-86353-156-0

Markus Rudisile
Wer war Jesus?
Was die Bibel über ihn sagt

Wer war Jesus? Das ist die zentrale Frage über die Jahrhunderte hinweg – bis heute. Der Autor erarbeitet in schlichter Weise den biblischen Befund und entfaltet so ein Bild der Person Jesu, das besonders solchen Menschen, die das biblische Zeugnis ernst nehmen, die Bedeutung dieses von Gott gesandten Retters erschließt.

Taschenbuch, ca. 64 Seiten, 11 x 18 cm
Best.-Nr. 271.328
ISBN 978-3-86353-328-1

Rudolf Möckel
Brennpunkt Islam
Hass- oder Friedensreligion?

Geschichte, Inhalt und Praxis des Islam werden aufgear-
beitet. Das unterschiedliche Verhältnis von Christen und
Muslimen zum Staat wird beleuchtet und die Verantwortung von Christen gegenüber Muslimen wird herausge-
stellt. Eine Koran-Konkordanz rundet das Buch ab, in der
man sich direkt über bestimmte Begriffe und Themen informieren kann.

Taschenbuch, 128 Seiten, 11 x 18 cm
Best.-Nr. 271.116
ISBN 978-3-86353-116-5

Markus Wäsch/Carsten Polanz
(Hrsg.)
Murat findet Jesus

Dieses Buch richtet sich an Muslime. Es stellt die Fragen nach Gott, dem Sinn des Lebens und dem Problem der Sünde aus biblischer Sicht. Mit Lebensberichten von Muslimen, die zum Glauben an Jesus Christus gefunden haben.

Taschenbuch, 96 Seiten, 11 x 18 cm
Best.-Nr. 273.500
ISBN 978-3-89436-500-4

Markus Wäsch (Hrsg.)
Özlem findet Jesus

In diesem Buch kommen drei ehemalige Muslima zu Wort, die zum Glauben an Jesus Christus gefunden haben. Außerdem werden anhand von Bibeltexten Themen wie „Gottes Liebe", „Vergebung", „Geborgenheit" und „Jesus Christus" behandelt.

Taschenbuch, 96 Seiten, 11 x 18 cm
Best.-Nr. 273.569
ISBN 978-3-89436-569-1

Christliche Verlagsgesellschaft mbH
www.cv-dillenburg.de